KB150208

재미있고 실용적인 구어체 표현

열공! 러시아어
회화 UP

MP3 무료다운

www.donginrang.co.kr

동인랑

머리말

안녕하세요! 저자 이아진 입니다.

드디어 독자분들과 함께 하게 되어 정말 기쁩니다. 아득히 멀리서 빛나는 한 줄기의 빛을 향해 춥고 어두운 터널을 끝없이 걸어 나온 심정입니다. 그래서 인지 우여곡절 끝에 마주하게 된 그 빛이 더없이 따뜻하고 밝게 느껴집니다. 학창시절 특히 추운 겨울이 되면 뜨끈한 아랫목에 누워 러시아 대문호인 레프 톨스토이, 도스토예프스키, 체홉, 푸쉬킨 등의 고전 명작들을 읽고 또 읽고... 바보스러울 정도로 반복되던 시간들이 있었습니다. 그러다 어린 마음과 호기 심에 막연히 대문호들의 모국어인 러시아어에 대한 걷잡을 수 없는 환상에 빠 지기 시작해 전공으로 선택한 러시아어! 저의 우당탕탕 러시아어 인생은 이렇 게 시작하였습니다.

제2의 모국어로 마음속에 자리 매김 될 때까지의 시간 속에서도, 독자들과 만 나게 된 현재에도, 그리고 미지의 미래의 순간까지도 제게 러시아어는 함께 걸 어갈 길벗이자 동반자 그리고 힘을 내어 넘어야 하는 산입니다.

긴 세월동안 시사 러시아어 중심으로 학습하고 각 분야의 수많은 자료와 영상 물, 공연물, 미디어물, 특히 우리 영화를 번역하며 시중의 다양한 회화 책과 관 련서적을 수집하여 읽다 보니 언제부터인가 답답함과 안타까움이 생기기 시 작했습니다. 그러다 영화와 같은 감성 터치 미디어물 번역 작업을 하니, 어느 순간 '우와 러시아어가 이렇게 재미 있구나' 하고 새로운 재미를 느끼게 되었 습니다.

제 경우처럼

'러시아어 학습의 새로운 터닝 포인트들이 많이 제공 된다면 좋을 텐데, 좀 더 재미있게 학습할 수 있다면....... 딱딱하기만 한 학교수업 같은 고루한 학습에 서 벗어나 좀 더 일상의 삶에 가깝게 생생하게 학습할 수 있다면.......그렇다면 어렵다 라는 인식보다는 재미있다는 인식을 갖게 되지 않을까. 그러면 중도 포 기하거나 자존감이 낮아지거나 하는 일도 없고 그래 한번 해보자 하는 심기일 전의 모티브가 제공되지 않을까' 하는 아쉬움과 안타까움에 용기를 내어 작은 디딤돌이라도 되어 줄 이 책을 쓰게 되었습니다.

이 책은 대화문들이 더 현실과 가까운 리얼한 구어체 구사학습 유도를 목표로 하기에 정말 많이 쓰이지만 딱히 배울 곳이 없어 생소하게만 느껴지는 생활회 화 속 국민 비속어와 슬랭, 은어들도 가식이나 가감 없이 노출시키고 이런 학 습을 통해 기존의 다소 정형화된 표현들과 어떻게 어울려져 실제 구어체에서 사용되는지도 소개됩니다.

그럼에도 문장의 구성은 너무 어려운 단어와 생소한 단어만으로 구성된 것이 아니라, 가장 많이 사용되는 단어 1,000에 들어가는 기본 단어들을 약간 더 난이도 있는 단어들 사이 사이에 적재적소에 배치시킨 대화문들로 구성되어있어 기초학습서를 마스터하고 기초 회화에 욕심 내기 시작하는 초보 학습자들부터 상당한 수준에 도달한 고급 러시아어 사용자도 아주 재미 있게 보실 수 있습니다.

각 과는 문화는 다르지만 인간사 인지 상정이라 우리나라와 유사하게 사용되는 관용적 표현(идиоматическое выражение)들을 **누구나 한번은 겪었을 상황 중심의 세트 대화문들에 접목시켜 더 몰입하도록 기획**하였습니다. 따라서 최대한 재미 중심으로 각 페이지 마다 손에서 놓지 못하게 하고자 **최선을 다하여 기획한 만큼 유용한 학습서**가 되어줄 것입니다.

러시아어는 파생적 생산성(derivative productivity), 문학성, 음성학적(phonetics) 측면에서 매력적인 언어임은 분명합니다. 매력적인 러시아어를 선택하신 여러분 모두가 **좌절하지 않고 반드시 저마다의 학습 목표에 도달하시길 바랍니다.** 포기하고 싶은 순간, 아무리 해도 재미도 없고 지치기만 하는 순간 한 마디로 '여기가 끝인가 보다' 하고 러시아어를 놓아버리고 싶은 순간 제 책이 붙잡아 줄 수 있는 버팀목이 되어 드릴 수만 있다면 저자로서는 더없이 행복할 것입니다.

열정만 가득 찼던 초라한 원고를 세상 밖으로 나오게 하기 위해 저보다 더 많은 걱정과 고민과 배려를 해주신 동인랑 출판사 김태연 부장님, 김인숙 대표님 외 직원 일동에게 먼저 깊이 감사 드립니다. 그리고 러시아어 인생의 변함 없는 당근과 채찍이 되어 주는 이리나 로깔로바(Ирина Локалова), 좀 더 좋은 표현을 찾아 주려고 누구보다 노력했던 쟈리꼬바 비딸리나(Жарикова Виталина)에게도 사랑과 감사를 전합니다. 마지막으로 항상 내 일에만 전념할 수 있도록 깊이 배려해주는 사랑하는 가족에게도 평소 말로 하지 못했던 고마움을 글을 빌어 전달합니다.
제 이 초라한 책이 독자에게 첫 페이지부터 마지막 페이지까지 디딤돌과 버팀목이 되어 주기를 간절히 바라며 여러분 한 분 한 분 모두를 깊은 진심으로 응원합니다.

저자 *이아진*

차례

Я не умею танцевать и у меня нет чувства ритма.
몸치, 박치예요.

One point 문법 - 의문사 결합형 강조의 감탄문 학습.

자주 쓰지만 애매한 각종 <방향, 위치 부사, 전치사> 표현 구분

회화에 잘 사용되는 관용구 연습 -

하루에도 몇 번씩 쓰게 되는 '돌겠네, 대박이다, 죽었어!' 등의 표현 연습

? Check point 마무리 연습문제

Один барашек, два барашка, три барашка…
양 한 마리, 양 두 마리, 양 세 마리…

One point 문법 - 구어체를 살려주는 강조 소사 же, ж 학습.

자주 쓰지만 애매한 <что, чего, чё, 친근한 생활형 애칭> 표현 구분

회화에 잘 사용되는 관용구 연습 -

가족, 연인, 친구 등 대인관계 속 기본적인 최다 빈출 구어체 대화문장 표현 연습

? Check point 마무리 연습문제

Пропустим по стаканчику?
술 한잔 할래?

One point 문법 - 청유형 '~ 합시다, 하자 체'로 술 권하기 구어체 학습.

일상 구어체 관용구 연습 - 술 권하기와 다양한 가격 표현 관련 구어체 관용구 연습

회화에 잘 사용되는 관용구 연습 - 술자리, 식사대접, 비용분담 등에 관한

구어체 표현 연습

? Check point 마무리 연습문제

이 책의 활용과 구성

1. 오늘의 목표

각 과의 오프닝 페이지에는
실용적인 회화를 오늘의 대화문, 구어체 관용구 키워드,
속 시원하게 풀어내는 강의 등의 주요 표현들을 소개한다.

내일 보다는 오늘의 목표가 있다면 더 좋은 법.
학습 관심도를 높여주는 오늘의 목표를 통해 효과적인 학습을 계획하고
오늘이라는 현실적인 시간을 놓치지 말자.

2. 오늘의 대화 1, 2

생활밀착형 대화로 구성되어, 자주 사용되지만
혼동하기 쉬운 구어체 관용구와 표현들이
스토리텔링 방식으로 재미있게 구성되어 있다.

1) 오늘의 대화 1, 2는 드라마 보듯 전체적으로 편하게 읽어보자.
2) RUSSIAN USAGE 강의에서 대화문에 나온 내용을 깊게 학습하자.

> 참고 : 오늘의 대화는 적정 학습량 제시를 위하여 2 파트로 분리 하였으나 유기적으로 연결된 하나의 세트 대화이다.

3. 속이 다 시원한 RUSSIAN USAGE 강의

본 강의들 속에서 핵심만 콕 집어주는 아주 쉽고 간결한 설명을 통하여
회화에 꼭 필요한 문법과 유기적 활용이 가능한 유사표현을 더 심층적으로 배워
본다.
학습량은 적지만 효율성이 최대인 것이 가장 좋은 책이다.
늘어지는 설명은 빼고 재미는 더해 머리에 쏙쏙 들어오는 설명을 기획하였다.

4. 표현 연습

드라마 대사 같은 생활밀착형 대화를 통하여 상황에 따라
같은 표현일지라도 어떻게 사용되는지, 어떻게 탄력적으로 응용이 될 수 있는
지 배운다.

오늘의 대화와 RUSSIAN USAGE 강의에서 다뤄진 핵심 키워드 단어, 문장을
중심으로 새롭게 구성된 응용 대화문들이 소개된다.

5. 예문의 단어, 단어 포인트

기본 단어들일지라도 구어체에서는 상황에 따라 전혀 다른 의미가 되기도 한다. 관용구들, 단어 품사, 동사형태 등을 각별히 주의하여 암기하도록 한다.

본 코너는 동사의 경우 원형(미정형), 명사, 형용사의 경우 관련 성 등이 명시되어 있어 쉽게 학습하도록 하였다.

6. 러시아어 생활 TIP!

우리와는 다른 실제상황의 러시아문화를 엿볼 수 있도록 학습 키워드 〈TIP!〉을 적재적소에 배치하였다.

RUSSIAN USAGE 강의와 단어 포인트 설명만으로는 만족할 수 없는 부분을 채워준다.

7. 연습문제

각 과마다 연습문제 코너에서 학습결과를 체크해 보는 과정을 통하여 성취감, 자신감. 자존감 등을 모두 UP 시켜 보자.

무엇을 정리해야 하는지 아니면 무엇을 놓쳤는지 '뭐지 뭐지?' 싶다면, 최종정리 혹은 핵심 정리 차원에서 연습문제도 꼭 풀어보자.

러시아어 재미있게
공부해 보아요~

일러
두기

① 강세(ударéние)부 한글 표기

강세가 요구되는 모음의 한글 표음 뒤에는 이음표 '- (типе)'로 표기하였다. 이음표 앞의 한글은 강세가 오는 러시아어 발음과 마찬가지로 다소 길고 강하게 읽어야 한다.

예) **Каки́ми судьба́ми?**   한글발음) 까끼-미 수지바-미?

② 러시아어 발음의 한글표기

이 책은 구어체에 중점을 둔 학습서 이기에 러시아인의 귀에 가장 가깝게 인식되는 음가(phonetic value)에 중심을 두고 발음을 표기하였다.

이 책의 발음표기는 빠르게 학습을 해야 하거나 초보 학습자들의 편의를 위한 것으로 가장 좋은 학습은 러시아 원어민의 mp3를 반복하여 듣고 학습하는 것이다.

③ 문법 설명

예문의 단어, 단어 포인트에 정리된 단어들은 품사, 관용구, 구어, 속어 표기를 최대한 명시하였다.

1) 러시아어 동사원형은 미정형(Инфинитив) 이라는 용어가 있지만 영어에 익숙한 학습자들의 편의를 위해 동사원형으로 표기한다.
2) 각 명사는 성을 구분하였다.
3) 각 형용사는 본문 그대로의 성만 표기하고 원형표기, 성, 수, 격의 구체적인 설명 등은 생략하였다.
4) 각 동사는 본문의 시제, 상 그대로 표기하고 원형만 명기하였다.
   (불완료, 완료상, 명사의 격, 인칭변화 등은 생략 됨)

④ 의문사 류(의문부사, 의문대명사, 의문형용사 등)의 표기

예문 등에 편의 상 넣어준 의문사류는 -либо, -то 등을 넣어주어야 하지만 생략을 원칙으로 하고 반드시 필요한 문장에만 넣었다.

예) **У кого-то нет книги.** ⇨ **У кого нет книги.**

몸치, 박치 예요.

Я не уме́ю танцева́ть и у меня́ нет чу́вства ри́тма.

오늘의 목표

1. 자주 쓰지만 애매한 표현 구분

한 단어로 말하기 어려운 몸치, 박치, 음치의 다양한 표현들과
춤, 요가, 헬스 등 운동 시 사용되는 간단한 필수 부사, 전치사를 배워 보자.

2. 회화에 잘 사용되는 관용구 연습

돌겠네, 대박이다, 짱! 등의 **구어적 표현**을 익혀 회화에 자신감을 가져보자.

이번 강의의 주요 표현

넌 이제 죽었어.	릴랙스 하자.	스트레스 좀 풀자.
느낌 있게~	몸치, 박치	아이 돈 케어.
달인이다!	벅스 챠트 1위야	우와, 대박 !
돌겠네.	뽀샵 하렴	쩐다 쩔어!
들이쉬고, 내쉬고!	섹시하게~	

오늘의 대화 1

Вдо́х, вы́дох! Ра́з, два́, три́, четы́ре! Вве́рх, вни́з. Сто́п!

브도―흐, 브이―도희 라―스, 드바―, 뜨리―, 치띄―례! 브예―르흐, 브니―스, 스똡―!

Опя́ть оши́блась? С ума́ сойти́!

아뺫―찌 아쉬―블라시? 쓰 움아― 싸이찌―!

Сно́ва на́чали! Ра́з, два́, три́, четы́ре!

스노―바 나―칠리! 라―스, 드바―, 뜨리―, 치띄―례!

Вве́рх, вни́з, поворо́т, волна́! Сто́п! Сто-о-п!

비예―르흐, 브니―스, 빠바로―뜨, 발나~! 스똡―! 스또―오―옵!

Да что́ э́то со мно́й происхо́дит?? Я не уме́ю танцева́ть ...

다 슈또― 에―떠 싸 므노―이 쁘라이스호―짓?? 야 니 우메―유 딴쩨바―쯔.

여 1 **들이쉬고 내 쉬고** [1]! 원, 투, 쓰리, 포! **업, 다운** [2]. 스톱!

여 2 또 틀렸어요? **돌겠네** [3]!

여 1 다시 갑니다. 원, 투, 쓰리, 포!

업, 다운, 턴, 웨이브! 스탑! 스~타~압!

여 2 난 왜 그러냐 정말?? 제가 **몸치 라서요** [4]...

- **Вдо́х**
  브도-흐 [명사-남성]

  들숨

- **Вы́дох**
  브이-도흐 [명사-남성]

  날숨

- **Ра́з, два́, три́, четы́ре**
  라-스,드바-,뜨리-, 치띄-례 [수사]

  하나, 둘, 셋, 넷

- **Вве́рх**
  비예-르흐 [부사]

  위로(up)

- **Вни́з**
  브니-스 [부사]

  아래로(down)

- **Оши́блась**
  아쉬-블라시 [동사-여성 과거형]

  실수했다. 틀렸다
  [원형 ошиби́ться 아쉬빗-짜]

- **С ума́ сойти́.**
  쓰 우마- 싸이찌-

  미치겠다. 돌겠다.

- **На́чали!**
  나-칠리 [동사-과거형]

  시작!, 출발!,
  시작했다[원형 нача́ть 나차-쯔]

- **Поворо́т**
  빠바롯- [명사-남성]

  회전(turn), 전환, 변천

- **Волна́**
  발나- [명사-여성]

  웨이브, 파도, 파장

- **Да что́ э́то со мно́й.**
  다 슈또- 에-떠 싸 므노-이.

  난 왜 이러냐 정말,
  난 왜 이 모양 인지.[구어]
  (= чего́ э́то я! 치버- 에-떠 야)

 TIP! **На́чали! 나-칠리!**

과거형 동사지만 회화상 시작하자, 가자 라는 의미로 임박한 미래형을 의미하는
청유형으로도 쓴다. 유사 표현으로는 **Пое́хали!** 가 있다.

На́чали!

속이 다 시원한 RUSSIAN USAGE 강의 ①

Вдо́х, вы́дох!

들이쉬고, 내 쉬고!

본문에서 사용한 вдо́х와 вы́дох는 вдо́х 들숨, вы́дох 날숨 이라는 '명사' 이다.

'숨을 쉬다, 숨을 내쉬다'의 각각의 동사는
명사 **들숨 вдо́х**에 해당하는 동사 **숨을 들이 쉬다** 는 불완료상, 완료상 동사원형은 각각
вдыха́ть, вдохну́ть 이다.
명사 **날숨 вы́дох**에 해당하는 동사 **숨을 내쉬다** 는 불완료상, 완료상 동사 원형은 각각
выдыха́ть, вы́дохнуть 이다.

하지만, 본문에서는 **들이쉬고, 내쉬고!** 가 동작 지시이다 보니 간단히 **вдо́х, вы́дох!** 명사로
표현하였다.
완전한 문장으로 표현하면
сде́лайте вдо́х!(breathe in), **сде́лайте вы́дох!**(breathe out)가 된다.

 러시아어 생활 TIP!!

일부의 동사들은 **де́лать (to do)**+**명사** 로도 나타낼 수 있다.

Убира́ть (убра́ть) = де́лать убо́рку   청소하다= де́лать + убо́рку (청소)

Зака́зывать (заказа́ть) = де́лать зака́з   주문하다 = де́лать + зака́з (주문)

Сде́лайте вдо́х, вы́дох!

스젤-라이쩨 브도-흐, 븨-도흐!

На сего́дня заня́тие йо́гой зако́нчено. Намасте́.

나 씨보-드냐 쟈냐-찌예 요-거이 자꼰-친너. 나마-스떼.

 Намасте́. Спаси́бо!

나마-스떼. 스빠씨-버!

여 1   **들이 쉬고. 내 쉬고!** 오늘 요가 수업 마칩니다. 나마스떼.

여 2   나마스떼. 수고 하셨어요!

- **На сего́дня**
  나 씨보-드냐   오늘은, 오늘로서는

- **Заня́тие йо́гой**
  쟈냐-찌예 요-거이   요가 수업

Вве́рх, вни́з

위로(up), 아래로(down)

Вве́рх는 위로, **вни́з**는 아래로 라는 부사로 **동적 방향성**을 의미한다.
예를 들면, 손들어! 는 Ру́ки вве́рх!라 한다.

동적, 정적 방향성을 나타내는 부사, 전치사

일상에서 길 묻기, 택시 타기 등의 상황에서 매우 유용하다.

Наверху́, све́рху [부사, 전치사]	위에서, 위에
Внизу́, сни́зу [부사, 전치사]	아래에서, 밑에
Впереди́ [부사,전치사]	앞에
Позади́ [부사, 전치사]	뒤에서
Посереди́не[=посреди́не] [부사]	가운데에, 중심에
Нале́во [부사]	왼쪽으로
Напра́во [부사]	오른쪽으로
Сле́ва [부사]	왼쪽에(에서 부터)
Спра́ва [부사]	오른쪽에(에서 부터)
Пря́мо [부사]	곧장, 똑바로

Куда́?

꾸다―

 Напра́во, нале́во.

나쁘라―버(날예―버)

 Где́?

그제―

 Спра́ва, сле́ва.

스쁘라―바, 슬예―바

여 1 어디로?

여 2 오른쪽으로, 왼쪽으로

여 1 어디에(어디 있어)?

여 2 오른쪽에, 왼쪽에

예문의 단어

- Куда́
  꾸다―
  [의문부사, 관계사] 어디로, 뭣 때문에(구어)

- Где́
  그제―
  [의문 부사] 어디에

15

С умá сойти́!

미치겠다! (돌겠다)

왜, 이 관용구가 **미치다, 돌다** 라는 의미를 지니는지 살펴보자.

ум , 명사로 **이성, 머리, 상식, 두뇌, 의식** 등을 의미한다.
Сойти́, 완료상 동사이며 불완료상은 сходи́ть로 **내려오다, 내리다** 의 뜻이다.

Сойти́ с чегó = ~에서 내리다
С умá сойти́ = 머리에서 내려오다 ⇒ '정신이 나가다, 돌다, 이성을 잃다' 라는 뜻이 된다.

본문에서는 сойти́ 동사원형 형태를 취하였지만,
문맥이나 의도에 따라 сойти́를 인칭에 맞게 동사 변형해도 아주 좋은 한 수가 된다.
나 미치겠어.　　　　　　　С умá сойду́.
너 미칠 거야. (너 돌아버릴 걸)　С умá сойдёшь.
너 미쳤냐? 돌았냐?　　　　　С умá сошёл (сошлá)?

미칠 것 같은 감정의 표현

감정의 원인은 전치사 от + 생격을 쓴다.

전치사 о т + 생격	너무 사랑해서 미치겠다. С умá сойти́ от любви́.
	슬퍼서 미치겠다. С умá сойти́ от гóря .

Ужé 9 часóв. С умá сойтú.

우줴– 제뱌–찌 치쏘–프. 쓰 우마– 싸이찌–.

Нýжно домóй двúгать.

누–즈너 다모–이 드비–가쯔.

 Мне кáжется, ты попáла.

므녜– 까–젯쨔, 띄 빠빨–라.

Давáй быстрéе!

다바–이 브이스뜨례–예!

여 1 벌써 9시야. **미치겠다.** 집에 가야 해 .

여 2 넌 끝인 듯, 서둘러!

예문의 단어

- **Домóй двúгать.**
  다모–이 드비–가쯔

  집에 가다. [구어] (=идтú домóй 잇찌– 다모–이)

- **Ты попáла.**
  띄 빠빨–라

  넌 죽었다 (뒈졌어), 끝이야, 혼난다.
  [구어, 비속어; 아주 가까운 사이에 씀.]

TIP! 죽었어, 죽었다! (혼쭐난다)의 맛깔스런 구어표현

'죽다, 뒈지다, 혼쭐나다, 끝이다. 뜨거운 맛을 보다' 등의 뉘앙스 모두를 살려줄 수 있는 속어 표현이다.

너 죽었어! 1. Ты попáла. (여성인 경우), Ты попáл. (남성인 경우)

2. Тебé капéц!

3. Ты трýп!

너 죽을래? Получúть хóчешь?

Я не умéю танцевáть.

몸치 이다. (óчень плóхо танцевáть, стрёмно танцевáть)

우리말은 한 단어로 표현되지만, 러시아어로는 딱 한 단어로 표현이 힘든 경우가 많다.
'몸치, 박치, 음치'도 대표적인 이런 경우이다.
없는 단어를 만들 수도 없고... 아니, **러시아어에 없는 단어를 표현할 수 있다.**
없는 단어는 러시아어로 풀어 쓰면 된다.

즉,' ~을 할 줄 알다, ~할 능력이 있다' 란 뜻의 동사 Умéть 에 부정 소사 **не**를
붙여서 **не умéть танцевáть** 처럼 풀어서 쓰는 것이 좋다.

비유법을 쓴다면
뻣뻣한 움직임에 빗대어 **как бревнó** '통나무처럼' 이라 할 수도 있지만 사용빈도는 낮다.

춤을 잘 못 춘다 기타 유사표현으로는
직설적 표현 (bad dancer) **плохóй танцóр.** = 나 몸치야 **Я- плохóй танцóр.**
굼뜨게, 동작이 둔하게 란 부사 **неуклюже**(clumsy) = **неуклюже танцевáть.**
정말 춤을 못 춘다 = **óчень плóхо танцевáть**
어색하게(우스꽝스럽게, 둔탁하게) 춤춘다 = **стрёмно танцевáть**

Давне́нько я не была́ в клу́бе.
다브녠–꺼 야 니 빌라– 브 끌루–베!

Дава́й сни́мем стре́сс!
다바–이 스니–몀 스뜨레–씨!

 Хоть я не уме́ю танцева́ть,
호찌 야 니 우메–유 딴쩨바–쯔.

По́фиг! Дава́й расслабля́ться!
뽀–픽! 다바–이 라쓸라블랏–짜!

여 오랫동안 클럽을 못 갔네, 스트레스 좀 풀자!

남 내가 비록 **몸치 지만**, 아이 돈 케어! 릴랙스 좀 하자!

예문의 단어

• **Давне́нько** 다브녠–꺼	[부사]	오래 전에, 이미 오래 전부터(давно́ 다브노– 지소형)
• **Сни́мем стре́сс** 스니–몀 스뜨레–쓰		스트레스를 풀다 [원형 сня́ть 스냐–쯔]
• **Хоть** 홋–쯔	[접속사]	비록~ 이지만,~ 할 지라도 (though, even)
• **По́фиг.** 뽀–픽		상관없어. [구어] всё равно́.
• **Дава́й расслабля́ться.** 다바–이 라쓸라블랏–짜		릴랙스 하자.

연습문제

---

1. 다음 괄호 안을 알맞은 단어들로 채우기

① (　　　　) ошибла́сь?　　　　　　　　　　　　　　　또 틀렸어요?

② Вверх, вниз, поворо́т, (　　　)!　　　　　　　　　업, 다운, 턴, 웨이브!

③ С (　　　) сойти́.　　　　　　　　　　　　　　　　미치겠다.

④ Я не (　　　) танцева́ть.　　　　　　　　　　　나는 몸치 이다.

⑤ Дава́й (　　　　　).　　　　　　　　　　　　　　릴랙스 하자.

2. 다음 단어나 짧은 문장들을 알맞은 것끼리 연결하기

• Волна́　　　　　　　　　　　　　　　　　　　　　넌 죽었다.

• Заня́тие йо́гой　　　　　　　　　　　　　　　　요가 수업

• Поворо́т　　　　　　　　　　　　　　　　　　　웨이브, 파도, 파장

• По́фиг.　　　　　　　　　　　　　　　　　회전(turn), 전환, 변천

• Ты попа́ла.　　　　　　　　　　　　　　　　상관없다, 괜찮다.

정답

1. ① Опя́ть ② волна́ ③ ума́ ④ уме́ю ⑤ расслабля́ться

2. Волна́ 웨이브, 파도, 파장 / заня́тие йо́гой 요가 수업 / поворо́т 회전(turn), 전환, 변천/ по́фиг. 상관없다, 괜찮다. / ты попа́ла. 넌 죽었다.

TIP! 모음 하나 차이로 엄청 헷갈리기 쉬운 Слу́шать와 Слы́шать 구분.

모음 하나 달라질 뿐인데 의미, 발음, 청음 모두 엄청 헷갈린다. 제대로 구분해 보자.

Слу́шать

'듣다' 라는 의미로 Listen. 의지를 갖고 (주의를 기울여) 들을 때 쓴다.

- 뉴스를 듣다 = **слу́шать но́вости**

- 강의를 듣다 = **слу́шать ле́кцию**

- 아버지 충고(설교)를 듣다 = **слу́шать сове́ты отца́**

Слы́шать

'들리다' 라는 의미로 hear. 듣는 사람의 의지, 의도와 무관하게 그냥 들리는 소리를 들을 때 쓴다.
특히, 구어적으로 종속절 혹은 **о ком-чём/про кого-что**와 결합하여 쓰면, (소문, ~ 이야기 등을)
'들어서 안다' 즉, 들어서 이미 인식하고 있다 **узнава́ть**의 의미도 된다.

- 웃음 소리가 들린다 ⇨ **слы́шать смех**

- 노크 소리가 들린다 ⇨ **слы́шать стук**

- 종소리가 들린다 ⇨ **слы́шать звоно́к**

오늘의 대화 2

Ну́жно слу́шать ритм. Гото́вы? Пое́хали!

누―즈너 슬루―샤쯔 리―뜸. 가또―븨? 빠예―할리!

Ра́з, два́, три́, четы́ре! Вве́рх, вни́з. Волна́ ~.

라―스, 드바―. 뜨리―. 치띄―례! 비예―르흐, 브니―스. 발나―~.

Го́споди, стыд-то како́й!

고―스뽀지, 스띄드―또 까꼬이―!

У меня́, наве́рное, не́т чу́вства ри́тма.

우 미냐―, 나볘―르너예. 넷― 추―브스뜨바 리―뜸아.

Следи́те за мно́й. И два́, и три́, и три́, и четы́ре!

슬리지―쩨 자 므노―이. 이 드바―. 이 뜨리―. 이 뜨리―. 이 치띄―례!

Сексуа́льнее! С чу́вством~, волна́~, поворо́т!

섹쑤알―르니예! 스 추―브스뜨범~. 발나―~. 빠바롯―!

Ух ты! Како́й кла́сс!

우흐 띄! 까꼬―이 끌라―씨!

Вы настоя́щий про́фи в та́нцах.

븨 나스따야―쉬이 쁘로―피 브 딴―짜흐.

여 1 리듬을 잘 타야 해요. 준비됐나요? 자 갑시다!

　　　원, 투, 쓰리, 포! 업, 다운. 웨이브~.

여 2 어머~. **아이고 창피해 죽겠네!** [5] 박치[6] 인가 봐요.

여 1 저를 따라해 보세요. 앤 투, 앤 쓰리, 앤 쓰리, 앤 포!

　　　더 섹시하게! 느낌 있게~, 웨이브~ 턴!

여 2 와우! **대박**[7]! 진정한 춤의 달인 이십니다[8]!

- **Слу́шать ритм**
  슬루–샤쯔 리–뜸
  리듬(박자)을 타다

- **Наве́рное**
  나베–르노예 [부사]
  아마도 [=наве́рно 나베–르너]

- **Следи́те**
  슬리지–쩨 [동사–명령형]
  ~을 따라 하세요
  [원형 следи́ть 슬레지–쯔]

- **Сексуа́льнее**
  섹쑤알–르니예! [부사–비교급]
  더 섹시하게
  [원형 сексуа́льно 섹쑤알–르너]

- **С чу́вством**
  스 추–브스뜨범
  느낌 있게, 감성적으로

- **Про́фи**
  쁘로–피 [명사–남성]
  달인, 거장, 전문가

의문 대명사 Како́й + 명사 결합형 강조 감탄문 만들기

Како́й + 남성명사	Како́й молоде́ц! 정말 똑똑하구나!, 정말 잘했어!
Кака́я + 여성명사	Кака́я краса́вица ! 정말 미인 이시네요!
Како́е + 중성명사	Како́е сча́стье! 이렇게 행복할 수가!

형용적 기능을 하는 의문대명사 Како́й는
어미를 반드시 수식하는 명사의 성에 일치 시켜야 하는 기본 of 더 기본 문법을 잊지 말자!

Стьід-то какóй!

아이고 창피해 죽겠네!

Стьід-то какóй! 를 분석해 보면 Стьід-то 즉 강조 소사 –то 그리고 의문사 Какóй와 결합시켰다. **명사+의문사** 어순을 취한 것은 **의문사+명사** 어순보다 명사 자체의 의미를 한층 더 강조하기 위함이다.
강조 소사와 의문사의 지원으로 인해 '너무 너무 쪽팔려!', '진짜 창피해 죽겠네!'라는 **극도의 창피함을 잘 전달할 수 있다.**

'아이고 창피해. 너무 쪽 팔려'는 구어적으로 간단히 명사 한 단어로 **стыдóба!** 라 한다.
수치심, 창피함(shame)은 Стыдóба= Стыд 이다.

명사 **стыдóба**는 구어체로 더 많이 쓰이다 보니 다소 낯설게 느껴지지만 회화상으로는 사용빈도가 높은 단어이니 학습해 두자.

 구어체에 나타나는 역점 불일치

사전적으로 **стыдóба** 역점은 **ó** 지만, 구어체에서는 **стыдобá** 역점이 **맨 끝의 á** 에 오기도 한다.
당연히 발음이 **스띄도–바**가 아니라 **스띄다바–** 가 된다.

구어체에서 종종 나타나는 이러한 **역점 불일치 현상**은 익히 알던 단어도 전혀 다른 단어로 들리게 하여 결국은 잘 들리지 않아 회화의 큰 장애가 되기도 한다.

그러므로 별도로 학습할 필요가 있다.

У меня́ тако́е стрёмное фо́то.
우 미냐– 따꼬–예 스뜨룜–녜예 포–또.

Сты́д-то како́й! Я в реа́ле гора́здо лу́чше.
스띄드–또 까꼬–이! 야 브 리알–례 가라–즈더 룻–셰.

 Э́то то́лько ты так ду́маешь.
에–떠 똘–꺼 띄 깍 두–마예쉬.

Е́сли тебе́ не нра́вится, то отфотошо́пь.
예–슬리 찌볘– 니 느라–빗쨔, 또 앗뜨파따숍–.

여 1   사진이 진짜 요상하게도 나왔네. **창피해라.** 난 실물이 훨~ 나.

여 2   그건 오로지 네 생각일 뿐이야. 마음에 안 들면, 뽀샵하렴.

예문의 단어

• Стрёмное фо́то 스뜨룜–녜예 포–또		바보 같이 나온 사진, 잘 안 나온 사진
• В реа́ле 브 리알–례		실물은, 사실상
• Гора́здо лу́чше 가라–즈더 룻–셰		훨씬 낫다, 더 좋다
• Не нра́вится 니 느라–빗쨔		맘에 안 들다. 별로 이다
• Е́сли~, то~ 예슬리~, 또~		만일 ~하다면, ~ 해라
• Отфотошо́пь 앗뜨파따숍– [동사–명령형]	[동사–2인칭 명령형]	포토샵 해! [원형 отфотошо́пить 앗뜨파따쇼–삐쯔]

У меня́ нет чу́вства ри́тма.

저는 박치 예요. (리듬감각이 없어요.)

'리듬 센스(감각)가 없다, 박치다'도 '몸치다' 처럼 **풀어서 표현해야 한다.**

리듬감이 없다는 의미가 잘 전달되도록 **리듬, 박자**에 해당하는 **명사 ри́тм**을 사용하여, **У меня́ нет чу́вства ри́тма** 즉, **나는 리듬감이 없다 = 나는 박치다** 로 하는 것이 가장 쉽고 무난하다.

~ 센스(감각) 이 없다 라고 하고 싶으면, **У кого́ нет чу́вства + 생격 명사**를 쓴다.

이 표현은 다양하게 활용할 수 있으니 꼭 익혀 두자.

알아두면 좋은 응용 표현

~ 는 유머감각이 없다.	У кого́ нет чу́вства ю́мора.
~ 는 미각을 상실하다.	У кого́ нет чу́вства вку́са.
~는 시간 감각(개념) 이 없다.	У кого́ нет чу́вства вре́мени.

한 눈에 쏙! 몸치, 박치, 음치 표현 정리

몸치 이다	춤 출지 모른다.	Не уме́ть танцева́ть.
	춤을 정말 못 추다.	О́чень пло́хо танцева́ть.
	춤을 어색하게(바보같이) 추다.	Стрёмно танцева́ть.
	통나무(뻣뻣하게)처럼 춤추다.	Танцева́ть, как бревно́.
박치 이다	리듬 감각이 없다.	У кого́ нет чу́вства ри́тма.
	리듬감이 없다.	Не слы́шать ри́тма.
	박자를 못 탄다.	Не чу́вствовать ри́тм.
음치 이다	음감이 없다.	У кого́ нет (музыка́льного) слу́ха. Медве́дь на́ у́хо наступи́л. 뜻 : 곰이 (누구의) 귀를 밟고 간다(막고 있다) 　　= 음감이 없다 = '박치'의 의미 주어는 無인칭처럼 여격을 취한다.
	음감을 상실한 사람	Челове́к, лишённый музыка́льного слу́ха.

*편의상 동사원형으로 표기 됨.

Како́й кла́сс!

정말 끝내 준다! 짱! 대박이다! 쩐다 ～

Кла́сс는 (등)급을 의미하는 명사로
'짱! , 끝내준다, 엄청나다, 굉장하다, 대박이다, 대박 사건～, 쩐다 ～'
등의 뉘앙스 전달에 Како́й кла́сс! 혹은 부사형으로 кла́ссно! 라고 한다.

구어체에서는 '대박이다, 짱이다' 즉, **so awesome, amazing, great!** 의미로
Отпа́д, су́пер, кру́то, за́шибись! 의 단어들도 많이 쓴다.

Отпа́д   동사 отпада́ть 떨어져 나가다, 이탈하다 의 명사형으로 구어적으로 끝내준다,
멋지다, 쩐다 등의 의미를 지닌다.

Вот блу́зка - отпа́д！ – 저 블라우스 대박이다!

Су́пер   접두사로 영어의 Super- 와 기능도 의미도 같다.

Ва́у, э́то су́пер! – 우와, 이거 짱이다!

Пе́сни действи́тельно о́чень хоро́шие.

뻬–쓰니 제이스뜨비–쩰너 오–친 하로–쉬예.

Мело́дия про́сто отпа́д.

밀로–지야 쁘로–스떠 앗빠–뜨.

Како́й кла́сс!

까꼬–이 끌라–씨!

Она́ на пе́рвом ме́сте в Багз ча́рте.

아나 나 뻬–르봄 메–스쩨 브 박쓰 차–르쩨.

여 1   노래 정말 좋다. 멜로디가 환상이다.

여 2   **정말 대박이더라!** 벅스 챠트 1위야.

예문의 단어

• **Мело́дия** 밀로–지야	[명사–여성]	멜로디
• **Про́сто отпа́д!** 쁘로–스떠 앗빠–뜨	[구어]	정말 너무 멋지다! (= that's awesome!)
• **Пе́рвое ме́сто** 뻬–르보예 메–쓰떠		1위(1등)

Вы настоя́щий про́фи в та́нцах.

진정한 춤의 달인 이십니다.

'달인, 거장, 전문가, 마스터' 등에 무난한 구어적 단어는 **프로(패셔널)**를 뜻하는 **про́фи** 이다.

~ 분야의 달인 할 때는 Про́фи в чём 즉, 전치사 в 를 쓴다.

춤의 달인 = про́фи в та́нцах

보편적으로 전문가, 달인은 아래 2단어가 대표적이다.

Э́ксперт   영어의 expert, 특정 분야에 전문적인 지식이 탁월한 전문가의 의미다.

Ма́стер   영어의 maestro, master, 특히 미술, 음악 등 예술 분야에서의 명장, 거장의 의미로 사용된다.

주의할 것은 **음악 분야에서의 대가, 거장**은 영어의 virtuoso 와 마찬가지로 **Виртуо́з** 란 단어를 쓴다

Она настоя́щий про́фи в та́нцах.

아나– 나스따야–쉬이 쁘로–피 브 딴–짜흐.

Прошу́ вас гро́мко аплоди́ровать.

쁘라슈– 바–쓰 그롬–꺼 아쁠러지–러바쯔.

 Восхити́тельно!

바스히찌–쩰르너!

Како́й кла́сс!

까꼬–이 끌라–쓰!

여 1   이분은 진정한 **춤의 달인입니다.** 뜨거운 박수 부탁 드립니다.

여 2   우와 환상 이다. ! 쩐다 쩔어!

• Настоя́щий 나스따야–쉬이	[형용사–남성]	진짜의, 진정한, 현재의
• Гро́мко аплоди́ровать 그롬–꺼 아쁠러지–러바쯔		뜨거운 박수를 보내다
• Восхити́тельно 바스히찌–쩰너	[부사]	황홀하다, 멋지다, 훌륭하다.

[STEP 1 - PART2]
연습문제

---

1. 다음 괄호 안을 알맞은 단어들로 채우기

① Ну́жно слу́шать (　　　　).

박자를 잘 타야 해요.

② (　　　　　) за мно́й.

저를 따라해 보세요.

③ Како́й (　　　　)!

대박이다.

④ Е́сли тебе́ не (　　　　　), то отфотошо́пь.

마음에 안 들면 뽀샵 하렴.

⑤ У меня́ тако́е (　　　　　) фо́то.

사진이 이상하게 나왔어.

2. 다음 단어나 짧은 문장들을 알맞은 것끼리 연결하기

• С чу́вством

쩐다쩔어! (대박〜!)(= that's awesome!)

• Про́фи

진짜, 진정한

• Настоя́щий

훨씬 낫다, 더 좋다

• Про́сто отпа́д!

달인, 거장, 전문가

• Гора́здо лу́чше

느낌 있게, 감성적으로

정답

1. ① ритм ② Следи́те ③ кла́сс ④ нра́вится ⑤ стрёмное

2. С чу́вством 느낌 있게, 감성적으로 / про́фи 달인, 거장, 전문가 / настоя́щий 진짜, 진정한, 현재의 /
про́сто отпа́д! 쩐다 쩔어 (대박〜) ! / гора́здо лу́чше 훨씬 낫다, 더 좋다.

양 한 마리, 양 두 마리, 양 세 마리…
Один бара́шек, два́ бара́шка, три́ бара́шка…

오늘의 목표

1. 자주 쓰지만 애매한 표현 구분

구어체에서 강조 등의 어감을 풍부하게 살려주는 소사 же, ж의 용법을 알아 보자.

2. 회화에 잘 사용되는 관용구 연습

아이들 혹은 가족구성원 등과의 대화에 응용 가능하며, 친근감과 애정을 나타내는 생활 속 표현들을 간단하게 살펴 본다.

이번 강의의 주요 표현

너무 예뻐서 깨물어 주고 싶다.　빙고!　일편 단심 민들레.
돈 좀 꿔주라.　삼가 조의를 표합니다.　천사가 따로 없네.
말 빙빙 돌리지 마.　우리 신랑이 최고야!　하늘 만큼 땅만큼 사랑한다.
몇 밤 자면 오는데?　우리 예쁜 아가.

Оди́н бара́шек, два́ бара́шка, три́ бара́шка,

아진– 바라–쉑, 드바 바라–슈까, 뜨리– 바라–슈까,

четы́ре бара́шка, пя́ть бара́шков...

치띄–례 바라–슈까, 빠–찌 바라–슈꺼프

 Ты чего́? Не спи́тся?

띄 치보–? 니 스삣–쨔?

Ты така́я краса́вица, так и хо́чется тебя́ поти́скать!

띄 따까–야 끄라싸–비쨔, 딱 이 호–쳇쨔 찌뱌– 빠찌–스까쯔!

Мам, а че́рез ско́лько дне́й ба́бушка прие́дет?

맘, 아 체–례쓰 스꼴–꺼 드녜–이 바–부슈카 쁘리예–짓?

М-м. Ба́бушка уже́ не смо́жет к нам прие́хать.

음... 바–부슈카 우줴– 니 스모–젯 끄 남 쁘리예–하쯔.

Прости́, моя́ ра́дость.

쁘라스찌–, 마야– 라–더스찌.

Почему́? Я хочу́ ко́е о чём с не́й поговори́ть.

빠취무–? 야 하추– 꼬예 아 춈 쓰 녜–이 빠가바리–쯔.

여 1 **양 한 마리, 양 두 마리, 양 세 마리, 양 네 마리, 양 다섯 마리**[1] ...

여 2 **왜 그래**[2] **?** 잠이 안 오니?

　　　너무 예뻐서 깨물어 주고 싶다[3]!

여 1 엄마, 그런데 할머니는 몇 밤 자면 오셔?

여 2 음~ , 할머니는 이제 우리 한테 오실 수 없어. **미안**[4], 아가야.

여 1 왜? **나 할머니랑 얘기 좀 하고 싶은데**[5].

- **Бара́шек**
  바라-쉭 [명사-남성]
  어린양, 새끼양

- **Не спи́тся**
  니 스삣-쟈
  잠이 안 오다. 잠을 못 이루다

- **Поти́скать**
  빠찌-스까쯔 [동사 원형]
  (이뻐서) 깨물거나 꼬집다

- **Не смо́жет**
  니 스모-졧
  ~할 수 없다
  [не смочь 니 스모-치 + 동사원형]

- **Че́рез ско́лько дней**
  체-례쓰 스꼴-꺼 드녜-이
  의역 : 몇 밤 자면
  직역 : 며칠 후에

- **Моя́ ра́дость**
  마야- 라-도스찌 [호칭]
  우리 이쁘이(우리 애기), 내 사랑

- **Ко́е о чём**
  꼬-예 아 촘
  무엇인가에 대하여

- **Поговори́ть с кем**
  빠가바리-쯔 쓰 껨
  ~와 얘기를 나누다, 의논하다

부모님을 의미하는 단어

어머니	Ма́ть
아버지	Оте́ц
엄마 (구어체)	Ма́ма=мам Ма́мочка, маму́ля (지소형, 애칭)
아빠 (구어체)	Па́па=пап Па́почка, папу́ля (지소형, 애칭)

▶ Ма́мочка! 는 엄마야! 어머나! 처럼 놀람을 나타내는 감탄사로도 쓴다.

엄마, 아빠~

속이 다 시원한 RUSSIAN USAGE 강의 ①

Оди́н бара́шек, два́ бара́шка, три́ бара́шка...

양 한 마리, 양 두 마리, 양 세 마리...

러시아 어린이들도 잠이 안 올 때 흔히 양을 센다. 하지만, 양을 세는 것은 동심에만
해당되는 거 같다. 어른들은 보드카 한잔 하거나 미지근한 우유를 마시지 않나 싶다.

재밌는 점은 러시아에선 숫양을 뜻하는 **овца́**의 지소형 **ове́чка** 도 쓸 법 한데
절대로 쓰지 않는다.
그 이유는 **овца́!** 라고 하면 여자들끼리 서로 욕을 하거나
남성이 여성을 상대로 욕할 때 애용되는 아주 심한 욕설이기 때문이다.

 동물을 빗댄 표현은 금물

러시아인들은 동물을 너무나 사랑하는 민족이지만 욕설에 동물이 많이 나오기 때문에 동물에 빗댄 농담
이나 묘사는 오해의 소지가 많아서 웬만하면 금하자.

농담이였어...

그런 농담은 하면 안되는데...

농담도 농담나름이지...

속이 다 시원한 RUSSIAN USAGE 강의 ②

Ты чего́?

너 왜 그러니?

의문대명사 **Что**(what)의 생격 **чего́** 의 구어체에서의 역할은 빈출 정도와 쓰임 면에서
중요하다. **Чего́?** 는 원인을 묻는 **почему́**(why) 의 의미로 '왜 그래?, 어째서 넌?, 대체 왜?
뭐가 잘못 됐는데?' 등의 구어적 어감을 잘 살려준다.

기억해야 할 단어 **Чё**

영화, 드라마 뿐 아니라 일상에서도 **Что**를 간단히 **Чё**라고도 한다. 이는 젊은 층에서 혹은 친한
사이에 교양 없이 막 써대는 슬랭으로 윗사람이나 친하지 않은 관계라면 절대 쓰면 안 된다.
바로 얻어 맞는다. 영화에서는 조폭이나 교양없는 사람들의 대사에서 많이 등장한다.

Чё와 **Что**의 느낌을 비교

A: Она́ сейча́с здесь.	걔 지금 여기 있어.
B: **Что** пра́вда?	오~ 정말이야?
A: Она́ сейча́с здесь.	걔 지금 여기 있어.
B: **Чё** пра́вда?	아따~ 그랴? / 오메~ 그래?/ 워쩌..그래?
	⇨ 결론은 교양이 떨어져 보인다.

 알아두면 좋은 응용 표현

Что 와 **Чего́** 가 생활 회화에서 사용되는 문장

거기서 뭐해 (뭘 꾸물거려)? 가자!	Чего́ там? Пое́хали!
이게 뭐야! 도대체 어떻게 된 거야!	Что тако́е !
하는 수 없어! 뭘 할 수 있으리! 뭘 해야 하는가!	Что де́лать!

Хóчется егó потúскать.

(이뻐서) 깨물어 주고 싶다.

러시아인도 사랑스런 아이들에게 우리와 같은 표현을 쓴다.

Хóчется 는 원형 хотéться 의 3인칭 단수 현재형이다.

희망, 바램, 욕망을 표현해주는 like, want, intend, wish, feel like 등을 모두 커버해주는 술어이다.

즉, '~이 내키다, 당기다, ~하고 싶어 진다, ~ 하고픈 기분이 들다' 등등의 의미 모두 가능하다.

주체 즉 주어는 여격을 취하며 동사원형 또는 생격의 명사가 후치된다.

동사 **Хóчется**를 쓰려다 보면 갑자기 소심해 진다.

이유는 결합되는 동사를 '불완료상?' or '완료상?' 동사원형 중 무엇을 써야 하는지 상당히 헷갈리기 시작하기 때문이다.

결론은 둘 다 OK!

러시아어 특유의 동사 상은 학습자에겐 평생의 과제이다.

그냥 무조건 외워야 한다. 방법이 없다.

Ой, посмотри́ на э́того ребёнка!

오–이, 빠쓰마뜨리– 나 에–떠버 리본–까.

Тако́й ми́лый, так и хо́чется его́ поти́скать!

따꼬–이 밀–르이, 딱 이 호–첫쨔 이보– 빠찌–쓰까쯔.

 И пра́вда! С таки́м ангело́чком никто́ не сравни́тся!

이 쁘라–브다! 쓰 따낌– 앙겔로–츠꼼 니크또– 니 스라브닛–쨔!

Бо́же, гля́нь на его́ па́льчики.

보–줴, 글랸– 나 이보– 빨–치끼.

여 1   어머머, 이 애기 좀 봐! **너무 예뻐서 깨물어 주고 싶다.**

여 2   정말! 세상에 천사가 따로 없네. 어머나, 쟤 손가락 좀 봐.

예문의 단어

• И пра́вда 이 쁘라–브다	[관용구]	정말이지. 진짜로
• Сравни́ться 스라브닛–쨔	[동사 원형]	~와 비교되다, ~와 비등하다 [с кем-чем] (никто́ не сравни́тся ⇒ 아무도 비교 될 수 없다 ⇒ 따로 없다, 바로 ~이다)
• Ангело́чек 앙겔로–첵	[명사–남성]	천사 [а́нгел 앙–겔 의 지소형]
• Гля́нь 글랸	[동사–2인칭 명령형]	봐라~ [원형 гля́нуть 글랴–누쯔]
• Па́льчики 빨–치끼	[명사]	손가락 [па́льцы 빨–찌 의 지소형]

Прости́ !

미안해!

미안합니다는 주로 타동사 용서하다 прости́ть, извини́ть + 대격 이 사용된다.

Извини́те меня́! 하면 '저를 용서해 주세요 ⇨ 미안합니다'가 된다.
미안해요 부탁해요, 주세요~ 등에는 정중함이 잘 전달될 수 있도록
상투적으로 пожа́луйста (please)를 후치 해서 쓰면 좋다.
Пожа́луйста 단어 하나 만으로도 '그러세요~, 부탁해요~, 제발 요~' 등의 감정을 제대로
전달 해 준다.

전치사 за +대격 명사 혹은 что + 문장을 후치 시키면 미안함의 원인을 구체적으로
나타내 줄 수 있다.
참고로 '사과를 하다, 사죄하다'의 동사는 извини́ться.

사과 표현

미안해, 용서해 줘.	Прости́, пожа́луйста. Извини́ , пожа́луйста.
미안합니다, 죄송합니다. 용서해 주세요.	Прости́те, пожа́луйста. Извини́те, пожа́луйста.
용서를 구하다. 사죄하다. (정중하고 공식적인 사과)	Приноси́ть извине́ния. Проси́ть проще́ния.

Приходи́ сего́дня пора́ньше. Ты у меня́ са́мый лу́чший му́ж!

쁘리하지- 씨보-드냐 빠란-쉐. 띄 우 미냐- 싸-믜이 룻-쉬이 무-슈!

Жела́ю тебе́ побо́льше зарабо́тать.

쥘라-유 찌볘- 빠볼-셰 자라보-따쯔.

 Прости́, что ка́ждый день прихожу́ так по́здно.

쁘라스찌-. 슈떠- 까-즈듸이 졘 쁘리하쥬- 딱 뽀-즈너.

Спаси́бо тебе́, что всегда́ ве́ришь в меня́.

쓰빠씨-버 찌볘-. 슈또- 프시그다- 베-리쉬 브 미냐-.

여　오늘은 좀 일찍 들어와. 우리 신랑이 최고! 돈 많이 벌어와~.

남　맨날 너무 늦게 들어와서 **미안해.** 항상 날 믿어 줘서 고마워.

예문의 단어

• **Пора́ньше** 빠란-쉐	[부사]	좀 더 일찍 [pа́но 란-너 비교급]
• **Лу́чший му́ж** 룻-쉬이 무-쉬		최고의 남편
• **Так по́здно** 딱 뽀-즈너	[부사]	너무 늦게
• **Зарабо́тать** 자라보-따쯔	[동사 원형]	돈을 벌다
• **Ве́ришь** 베-리쉬	[동사-2인칭 현재형]	믿어라 [원형 ве́рить 베-리쯔]

Поговори́ть с кем о чём

~와 할 얘기가 있다. ~와 상의하다.

접두사 **по-** + **говори́ть** [말하다] 의 결합형 동사 **Поговори́ть** 는
'얘기를 (좀) 나누다, 상의 하다' 라는 의미가 되며 회화에서도 사용빈도가 매우 높은 기본 동사이다.

Дава́йте поговори́м! 이라고 하면, '자, 얘기 좀 해봅시다, 상의해 봅시다' 라는 의미 이다. 의논
할 것이 있을 때 사용해 보면 좋은 구문이다.

구어체 –할 말이 있을 때	
좀 더 진지한 대화가 필요할 때 나 너랑 좀 (깊이) 할 얘기가 있어.	У меня́ к тебе́ е́сть разгово́р.
상대를 대화에 즉시 집중시키고자 할 때 내 말 좀 들어봐! 무슨 말을 하려는지 좀 들어봐!	Слы́шь, что скажу́!

Дава́йте поговори́м! 이라고 하면, '자, 얘기 좀 해봅시다, 상의해 봅시다' 라는 의미이다.
의논할 것이 있을 때 사용해 보면 좋은 구문이다.

Хва́тит ходи́ть вокру́г да о́коло! Хо́чешь о чём-то поговори́ть?

흐바-찟 하지-쯔 바끄룩- 다 오-껄러! 호-체쉬 아 쵬-또 빠가바리-쯔?

 В то́чку! Извини́, но займи́ мне немно́го де́нег.

프 또-츠꾸! 이즈비니-, 노 자이미- 므녜- 니므노-거 제-넥.

С полу́чки отда́м.

쓰 빨루-츠끼 앗드담-.

남 1   말 빙빙 돌리지 마! **너 나한테 할 말 있지?**

남 2   빙고! 미안하지만, 돈 좀 꿔주라. 월급날 갚을 게.

예문의 단어

- **Хва́тит**
  흐바-찟
  [동사-3인칭 현재형]
  충분하다

- **Ходи́ть вокру́г да о́коло** [관용구, 구어]
  하지-쯔 바끄룩- 다 오-껄러
  말을 빙빙 돌리다

- **Займи́**
  자이미-
  [동사-2인칭 명령형]
  돈 꿔줘 [원형 **заня́ть** 자냐-쯔]

- **С полу́чки**
  스 빨루-츠끼
  [관용구]
  월급날 [= день вы́дачи зарпла́ты]

- **Отда́м**
  앗드담-
  [동사-1인칭 현재형]
  갚다, 되돌려 주다 [원형 **отда́ть** 앗드다-쯔]

- **В то́чку**
  프 또-츠꾸
  빙고!, 바로 그거야!, 정답이야!

  [유사표현] Есть, абсолю́тно ве́рно, в я́блочко, пра́вильно!, то́чно, угада́ли 딩동댕!, 정확합니다, 맞췄습니다.

---

1. 다음 괄호 안을 알맞은 단어들로 채우기

① Че́рез (   ) дне́й ба́бушка прие́дет?   할머니는 몇 밤 자면 오셔?

② Не (   )?   잠이 안 오니?

③ С таки́м ангело́чком никто́ не (   )!   정말 천사가 따로 없네.

④ С полу́чки (   ).   월급날 갚을게.

⑤ Приходи́ сего́дня (   ).   오늘은 좀 일찍 들어와!

2. 다음 단어나 짧은 문장들을 알맞은 것끼리 연결하기

- Ходи́ть вокру́г да о́коло   (이뻐서) 깨물어 주고 싶다.

- Ка́ждый день   월급날

- В то́чку   말을 빙빙 돌리다.

- С полу́чки (зарпла́ты)   매일

- Хо́чется его́ поти́скать!   빙고

정답

1. ① ско́лько ② спи́тся ③ сравни́тся ④ отда́м ⑤ пора́ньше
2. Ходи́ть вокру́г да о́коло 말을 빙빙 돌리다 / ка́ждый день 매일 / в то́чку 빙고 /
   с полу́чки (зарпла́ты) 월급날 / хо́чется его́ поти́скать! (이뻐서) 깨물어 주고 싶다.

친근감과 애정을 나타내는 생활 밀착형 표현

아이들과 대화할 때 아주 좋다!

잠이 안 오다 (잠을 못 이루다.)	(Кому́-либо) не спи́тся 유사표현 : не мочь усну́ть (засну́ть)
(예뻐서) 깨물어 주고 싶다	Так и хо́чется тебя́ поти́скать!
몇 밤 자면 와? 직역 : 며칠이 지나면 오실까요?	Че́рез ско́лько дне́й прие́дет?
하늘만큼 땅만큼 사랑한다	Люби́ть (кого́-либо) бо́льше всех на све́те. 직역: 이 세상 그 누구보다 제일 사랑해. 의역: 하늘만큼 땅만큼 사랑한다.
세상에 천사가 따로 없네.	С таки́м ангело́чком никто́ не сравни́тся! 직역 : 저런 천사와 비교할 만한 사람은 없다. 의역 : 천사가 따로 없다.

오늘의 대화 2

 Бáбушка сейчáс на нéбе.

바-부슈카 씨차-쓰 나 녜-베.

Мне óчень жáль, моя́ хорóшая.

므녜- 오-친 좔-. 마야- 하로-샤야.

 А э́то далекó?

아 에-떠 달리꼬-?

 Никтó не знáет. Но ты же знáешь,

니끄또- 니 즈나-옛. 노 띄 줴 즈나-이쉬.

что бáбушка тебя́ óчень лю́бит...

슈또 바-부슈카 찌뱌- 오-친 류-빗.

 Конéчно, знáю.

까녜-슈녀. 즈나-유.

Бáбушка всегдá говори́ла,

바-부슈카 프시그다- 가바릴-라.

что лю́бит меня́ бóльше всéх на свéте.

슈또 류-빗 미냐- 볼-셰 프셰-흐 나 스베-쩨.

여2   할머니는 하늘나라에 계셔. 어쩜 좋니, 우리 예쁜 아가.

여1   그런데 하늘나라는 **멀어요**[6]?

여2   아무도 몰라. 하지만 우리 애기 **정말**[7] 알지? 할머니가 너무너무 **사랑한다**[8]는 걸…

여1   그럼 알지. 할머니가 매일 '**하늘만큼 땅만큼 사랑한다**'[9] 했거든.

- **На не́бе**
  나 네–베

  하늘(나라)에

- **О́чень жа́ль**
  오–친 쫠–

  정말 유감이다, 안타깝다
  애석하다

- **Моя́ хоро́шая**
  마야– 하로샤–야

  우리 아가[호칭으로 쓰는 애칭]

- **Никто́**
  니크또– [대명사]

  아무도, 어느 누구도 (〜하지 않다)

- **Коне́чно**
  까녜–슈너 [부사]

  물론, 당연히

- **Всегда́**
  프시그다– [부사]

  항상, 언제나

우리 아가~
많이 사랑해

저도요~

Далеко́?

멀어요?

거리감을 나타내는 말로, 반의어 가깝다는 **бли́зко**이다.

부사이기도 하지만 형용사 **далёкий**의 중성 단어미형이 되어 모두 술어가 된다.

공간적, 시간적 거리감 모두

'~로 부터, ~를 기준으로 **далеко́** 멀다, **бли́зко** 가깝다' = 전치사 **от** + 생격

예)

공항에서 먼가요?   От аэропо́рта далеко́?

공항에서 가깝나요?   От аэропо́рта бли́зко?

 ## Далеко́의 비교급 да́льше

да́льше 는 거리상으로 더 먼 의미 외에도 게다가, 더 나가서, 다음에, 그 이후로, 앞으로는 등의
다양한 의미의 부사로 쓰인다.

특히, 회화에서 아래처럼 쓰이는 경우가 많다.

Ну и что да́льше?   그래서 그 다음은? (어떻게 되?)

▶ 다음에 이어지는 상황에 관한 관심도를 나타낼 수 있다.

Отсю́да до аэропо́рта далеко́ и́ли бли́зко?

앗슈―다 다 아에라뽀―르따 달리꼬― 일―리 블리―스꺼?

 О́чень бли́зко.

오―친 블리―스꺼.

Но сейча́с час пик, поэ́тому вре́мени потре́буется бо́льше.

노 씨차―쓰 챠―쓰 삑―, 빠에―떠무 브레―메니 빠뜨레―부엣쨔 볼―세.

남   여기서 공항까지 **멀어요 아니면 가까워요?**

여   아주 가깝죠.

그런데 지금 러시아워라 시간이 좀 더 걸릴 거예요.

예문의 단어

• Отсю́да 앗슈―다	[부사]	여기에서, 여기로부터
• Ча́с пи́к 챠―쓰 삑―		러시아워, 교통혼잡시간대
• Поэ́тому 빠에―떠무	[부사]	그래서, 따라서, 그러므로
• Потре́буется 빠뜨레―부엣쨔	[동사―3인칭 현재형]	필요하다, 요구되다 [원형 потре́боваться 빠뜨레―버밧쨔]
• Бо́льше вре́мени 볼―셰 브레―메니		더 많은 시간

же, ж

소사

케잌에 체리를 얹듯 구어체에서 뉘앙스를 확 살려주는 소사 **же**(ж 축약형)는
'대체, 그러나, 하지만, 또는, 또한, ~와 같은' 등등 상당히 다양한 의미가 내포 되어 있다.
사용법은 각종 대명사, 동사, 부사, 의문사 등의 뒤에 그냥 바로 붙여 쓰기만 하면 된다.
즉, 강조하여 부각시키고 싶은 단어 바로 뒤에 후치 시킨다.

소사 же, ж 용법

1. 강조용법의 기능 각종 대명사, 동사, 부사, 의문사 등의 뒤에 바로 붙여 쓴다	너 정말로 그 사람 알아? (Ты를 강조)	Ты же его зна́ешь?
	대체 누가 나를 사랑하는 거야? (Кто를 강조)	Кто же меня́ лю́бит?
2. '동일한, 똑같은'의 의미	이건 똑 같은 거야.	Э́то одно́ и то же.
	마찬가지로, 동일하게	Так же
	같은 걸로 줘.	Да́й мне то же са́мое.
	같은 대학에서	В том же университе́те

생활밀착형 애정 듬뿍 대표 호칭

연인, 가족, 친구 등 광범위하게 사용 가능한 사랑하는 상대에게 쓰는 대표적인 구어체 호칭

가족간, 자기, 여보, 당신, = honey, my darling	
남성이 여성에게	Моя́ дорога́я = дорога́я (моя́) Моя́ хоро́шая= хоро́шая (моя́) Моя́ ми́лая = ми́лая (моя́) Моя́ люби́мая = люби́мая (моя́)
여성이 남성에게	Мо́й дорого́й = дорого́й (мо́й) Мо́й хоро́ший = хоро́ший (мо́й) Мо́й ми́лый = ми́лый (мо́й) Мо́й люби́мый = люби́мый (мо́й)
성별무관하게	Моя́ ра́дость

Ты – моя́ ра́дость, ты – моё сча́стье!　　　우리 애기, 네가 바로 엄마의 행복 이란다!

드라마 대사의 '애기야~'같은 매우 각별한 애정을 표현해주는 연인간의 호칭이다. Baby~!	
남성이 여성에게	За́я *사전적 의미는 토끼
여성이 남성에게	Ко́тик *사전적 의미는 새끼고양이 kitty.

남자	За́я!	애기야~ (자기야~) !
여자	Что, ко́тик?	왜, 자기야 ?
남자	За́я, принеси́ мне́ чай, пожа́луйста!	자기야~, 차 좀 가져와봐 !
여자	Ко́тик, помоги́ мне́!	자기야~, 나 좀 도와줘!

Люби́ть

~를 사랑하다. ~ 하기를 좋아하다.

Люби́ть는 타동사라 당연히 목적어를 필요로 하고,

이 목적어는 반드시 대격의 명사이어야 함을 기억하자. 물론 동사원형이 와도 좋다.

뻔한 문법이지만 수시로 헷갈린다.

예) Я люблю́ му́зыку.   ⇒ 나 음악 좋아해.

　　Я люблю́ танцева́ть ⇒ 나 춤추는 거 좋아해.

타동사 люби́ть는 영어의 'like, love의 의미' 모두를 지닌다.

사랑이라는 명사는 **любо́вь**.

Like에 해당하는 단어를 꼽자면 **нра́вится** (마음에 든다)가 무난한 거 같다.

동사 **нра́вится**는 적당한 애정 공세에 참으로 무난하기에 반드시 기억해 두자.

러시아어를 안다고 하면 바로 이어지는 질문은 '아이 러브 유가 뭐 예요?' 이다.

영어 'I love you.'는 아래처럼 말한다.

나는 너를 사랑해. = Я люблю́ тебя́.

저는 당신을 사랑합니다. = Я люблю́ вас.

Я слы́шал, ва́ша ма́ма сконча́лась.
야 슬리–샬, 바–샤 마–마 스깐찰–라시.

Приношу́ свои́ глубоча́йшие соболе́знования.
쁘리나슈– 스바이– 글루버차–이쉬예 싸발례–즈너바니야.

 Благодарю́ вас за сочу́вствие.
블라거다류– 바–쓰 자 싸추–부스뜨비예.

Тепе́рь я по́нял, как си́льно я её люби́л.
찌뻬–리 야 뽀–날, 깍 씰–너 야 이요– 류빌–.

남 1   어머니가 돌아가셨다고 들었어요. 삼가 조의를 표합니다.

남 2   위로해 주셔서 감사해요.

        이제서야 어머니를 정말 **사랑한단** 걸 알았네요.

예문의 단어

• **Сконча́лась**   [동사-여성 과거형]   돌아가시다, 서거하다[원형 сконча́ться 스깐찻–쨔]
  스깐찰–라시

• **Приноси́ть глубо́кие соболе́знования**   삼가 조의를 표하다, 깊이 애도하다
  쁘리나씨–쯔 글루보–끼예 싸발례–즈너바니야   (=и́скренне соболе́зновать)
                                                            원급 глубокие보다 최상급 глубоча́йшие를 쓰면
                                                            더 깊은 애도를 전달할 수 있다.

Люби́ть кого́ бо́льше всéх на свéте

하늘 만큼 땅만큼 사랑한다 (세상에서 최고로 사랑하다)

결합된 단어를 살펴보면,

бо́льше всех '모든 사람들(누구보다) 보다 더 많이', **на свéте** '이 세상에서' 이다.

즉, '세상에서 그 누구보다 더, 제일 사랑한다'의 의미로

무한 사랑을 의미하여 '하늘만큼 땅만큼 사랑한다'라고 의역해도 좋다.

на свéте 의 유의어로는 **в ми́ре** 가 있다.

명사 свéт

사전적 의미	세상, 세계, 빛, 조명.
관용어구	**на том свéте** 저승(저 세상) 에서
	на э́том свéте 이승(이 세상)에서
	Бо́льше всего́ на свéте 이 세상 그 무엇보다도

알아두면 좋은 응용 표현

Ты са́мый лу́чший дру́г на свéте	넌 이 세상 최고의 친구야!
Что ты лю́бишь бо́льше всего́ на свéте?	네가 이 세상 그 무엇보다 좋아하는 게 뭐야?
Его́ нет на свéте.	그는 이 세상 사람이 아니다.

Минхи! Ты моя́ еди́нственная любо́вь.

민희! 띄 마야- 이진-스뜨벤나야 류보-피.

Я люблю́ тебя́ бо́льше всех на све́те.

야 류블류- 찌뱌- 볼-셰 프셰-흐 나 스볘-쩨.

 А, ка́жется, э́то судьба́ свела́ нас вме́сте.

아, 까-젯쨔, 에-떠 수지바- 스빌라- 나쓰 브메-스쩨.

Я то́же тебя́ люблю́.

야 또-줴 찌뱌- 류-블류.

남   민희야! 나의 사랑은 일편 단심 민들레야!.
       하늘 만큼 땅만큼 사랑한다.

여   그래, 우린 운명인 것 같기도 해. 나도 널 사랑해.

- **Еди́нственная любо́вь**   유일한 사랑(일편단심)
  이진-스뜨벤나야 류보-피

- **Судьба́**   [명사-여성]   운명, 인연, 팔자
  수지바-

- **Судьба́ свела́ нас вме́сте.**   [관용구]   천생연분이다. 우린 운명이다.
  수지바- 스빌라- 나-쓰 브메-스쩨.

[STEP 2 - PART2]
연습문제

---

1. 다음 괄호 안을 알맞은 단어들로 채우기

① Мне о́чень (　　　).
정말 유감이다. 어쩜 좋니.

② Отсю́да до аэропо́рта (　　　)?
여기서 공항까지 멀어요?

③ Сейча́с (　　　) пик
지금은 러시아워 입니다.

④ Я люблю́ тебя́ (　　　) всех на (　　　).
하늘 만큼 땅만큼 사랑한다.

⑤ Приношу́ свои́ глубо́кие (　　　).
삼가 조의를 표합니다.

2. 다음 단어나 짧은 문장들을 알맞은 것끼리 연결하기

• На не́бе
필요하다, 요구되다.

• Всегда́
하늘(나라)에

• Потре́боваться
내 생각인데, 난 ~인 듯, 난 ~라 생각해.

• Судьба́ свела́ нас вме́сте.
항상, 언제나

• Мне ка́жется
천생연분이다.

정답

1. ① жа́ль ② далеко́ ③ час ④ бо́льше, све́те ⑤ соболе́знования

2. На не́бе 하늘(나라)에 / всегда́ 항상, 언제나 / потре́боваться 필요하다, 요구되다 /
судьба́ свела́ нас вме́сте. 천생연분 이다 / мне ка́жется 내 생각인데, 난 ~인 듯, 난 ~라 생각 되.

술 한잔 할래?
Пропу́стим по стака́нчику?

오늘의 목표

1. 일상 구어체 관용구 연습
술 한잔 하실래요?, 술 마시러 가자! 의 구어적 표현을 익히자.

2. 회화에 잘 사용되는 관용구 연습
엄청 비싸다, 가격 괜찮네, 당기다, ~ 하고 싶다(feel like to)의 뉘앙스를
구어적으로 잘 살려주는 관용구를 익히자.

이번 강의의 주요 표현

4차원이야.	내가 쏠게.	술이나 한잔 하러 가자.
그녀를 꼬셨어.	너무너무 맛있다.	싼 게 비지떡!
그림의 떡	더치 페이로 하자.	여기가 맛 집 이래.
까칠한 도시의 여자	됐거든요.	완전 내 스타일 이야.
꺼져!	술도 좀 당기네.	

오늘의 대화 1

 Ка́к зде́сь хорошо́ и ую́тно!

깍 즈졔-시 하라쇼- 이 우유-뜨너!

Говоря́т, зде́сь о́чень вку́сно гото́вят.

가바랴т-, 즈졔-시 오-친 프꾸-스너 가또-뱟!

 Пра́вда? Не зна́ю, ка́к вку́с, но це́ны зде́сь куса́ются.

쁘라-브다? 니 즈나-유, 깍 프꾸-쓰, 노 쩬-의 즈졔-시 꾸싸-윳쨔.

 Ка́ждый пла́тит за себя́.

까-즈듸 쁠라-찟 자 씨뱌-.

 Сего́дня я угоща́ю.

씨보-드냐 야 우가샤-유.

Ве́дь в про́шлый раз ты плати́ла за у́жин.

베-찌 브 쁘로-슐리 라쓰 띄 쁠라찔-라 자 우-진.

여1   여기 너무 좋고 아늑하다!

여기가 맛 집 이래[1].

여2   그래? 맛은 어떨지 모르지. 근데 여기 **가격이 장난 아니네[2].**

여1   **더치 페이로 하자[3].**

여2   오늘은 **내가 쏠게[4].**

어쨌던 지난번에는 네가 저녁 샀잖아.

- **Уютно**
  우유-뜨너 [부사]

  아늑 하다, 안락 하다

- **Говорят (что)**
  가바럇- (슈또) [관용구]

  라고들 말한다
  ～라 더라 (say that)

- **Готовят**
  가또-뱟 [동사-3인칭 현재형]

  요리하다, ～을 준비하다
  [원형 **готовить** 가또-비쯔]

- **Кусаются**
  꾸싸-웃쨔

  비싸다(구어), 물어 뜯다
  [원형 **кусаться** 꾸싿-쨔]

- **Каждый**
  까-즈디 [명사, 형용사]

  각자, 각각

- **Платит за себя**
  쁠라-찟 자 씨뱌

  각자 (돈을) 내다
  [원형 **платить** 쁠라찌-쯔]

- **Угощаю**
  우가샤-유 [동사-1인칭 현재형]

  대접하다, 한 턱 내다
  [원형 **угощать** 우가샤-쯔]

- **В прошлый раз**
  브 쁘로-슐리 라스

  지난번에는

Говоря́т, здесь о́чень хорошо́ гото́вят.

여기가 맛집 이래.

관용구 '~라고 하더라, ~라 한다' = **говоря́т, (что)**+ 종속절 은 간접적으로 들은 사실을
설명할 때, 혹은 소문에 따르면 ходя́т слу́хи의 어감을 전달 할 때도 사용할 수 있다.
Говоря́т 이후에 접속사 **что**는 생략해도 좋다.

맛집을 사전적으로 рестора́н с вку́сной едо́й (맛있는 음식을 파는 식당) 이렇게 쓰는 건
너무나 부자연스럽다. 그러니 쿨~ 하게 풀어서 다양하게 써 보자.
요리하다 гото́вят 대신에 ко́рмят을 써도 된다. **Корми́ть**는 동물에게 먹이를 주거나
젖먹이 어린애를 먹인다 의 의미가 있지만 맛집이라는 표현에도 사용할 수 있으니
гото́вят, ко́рмят 이 두 동사를 넣어 다양하게 표현해 보자.

🐦 알아두면 좋은 응용 표현

여기가 유명한 레스토랑 이래.	Говоря́т, э́то изве́стный рестора́н.
여기가 요리를 잘 한다더라.(직역)	Говоря́т, здесь о́чень хорошо́ гото́вят.
여기가 요리를 맛있게 한다더라.(직역)	Говоря́т, здесь о́чень вку́сно гото́вят.
여기 음식 정말 끝내줘.	Здесь кла́ссная ку́хня.
이 식당이 맛 집이야.	Здесь рестора́н, где вку́сно ко́рмят.
여기 음식 진짜 맛 있어.	Здесь вку́сно ко́рмят. = Здесь хорошо́ гото́вят.
여기 음식 진짜 맛 없어	Здесь пло́хо ко́рмят. = Здесь отврати́тельно гото́вят.

У меня́ не́т аппети́та. Почему́ зде́сь так дёшево?

우 미냐– 녯– 아뻬찌–따. 빠치무– 즈제–시 딱 죠–셰바?

Скупо́й пла́тит два́жды!

스꾸뽀–이 쁠라–찟 드바–즈듸!

 Что ты говори́шь? Говоря́т, зде́сь хорошо́ гото́вят.

슈또– 띄 가바리–쉬? 가바럇–, 즈제–시 하라쇼– 가또–뱟.

Пое́шь и взбодри́сь!

빠예–쉬 이 브즈바드리–ㅅ!

남   입맛이 없네. 근데 여기 왜 케 싸? 싼 게 비지떡!

여   무슨 소리! **여기가 맛 집 이래.** 먹고 기운 좀 차려!

예문의 단어

• Аппети́т 아뻬찟–	[명사–남성]	식욕,기호
• Дёшево 죠–셰바	[부사]	(값이) 싸다
• Скупо́й 스꾸뽀–이	[명사–남성]	구두쇠
• Два́жды 드바–즈듸	[부사]	2번, 2배로
• Скупо́й пла́тит два́жды! 스꾸뽀–이 쁠라–찟 드바–즈듸	[관용구]	의역 : 싼 게 비지떡 직역 : 구두쇠는 2번 지불하게 된다 즉, 싸게 사면 다시 사야 한다.
• Что ты говори́шь? 슈또– 띄 가바리–쉬?	[관용구]	무슨 소리냐?, 말도 안 된다
• Взбодри́сь! 브즈바드리–시	[동사–2인칭 명령형]	기운 차례! 기운 내! [원형 взбодри́ться 브즈바드릿–쨔]

속이 다 시원한 RUSSIAN USAGE 강의 ②

Це́ны куса́ются.

가격이 장난 아니네, 엄청 비싸다.

비싸다는 **형용사 дорого́й** 의 사용이 가장 보편적이다.
구어적으로 **엄청(상당히) 비싸다**는 물어 뜯기는 고통에 비유하여
동사 **куса́ться (물어뜯다)**를 써서 **Це́ны куса́ются** 라 한다.

알아두면 좋은 응용 표현

가격이 비싸다.

비싸다.	До́рого (сто́ит).
고가 이다.	Це́ны высо́кие.
가격이 엄청 쎄다. [구어]	Це́ны куса́ются.
가격이 미쳤네. [구어]	Це́ны бе́шенные.

가격이 적당하다 = 가격 괜찮네

가격이 적당하다.	Це́ны досту́пные.
가격이 합리적이다.	Це́ны демократи́чные. [구어]
가격이 (주머니 사정에) 알맞다, 적당하다.	Це́ны по карма́ну. [구어]

가격이 싸다.

싸다.	Дешёво.
안 비싸다.	Недо́рого (сто́ит).
가격이 싸다.	Це́ны дешёвые.
저가 이다.	Це́ны ни́зкие.

Смотри́, кака́я краси́вая блу́зка!

스마뜨리-, 까까-야 끄라씨-바야 블루-스까!

Така́я краси́вая, гла́з не оторва́ть.

따까-야 끄라씨-바야, 글라-스 니 아따르바-쯔.

Ка́к раз мо́й сти́ль.

깍- 라쓰 모-이 스찔-.

 Це́ны куса́ются. Зде́сь не́т моего́ разме́ра.

쩨-늬 꾸싸-윳쨔. 즈졔-시 녯 마이보- 라즈메-라.

Для меня́ э́то несбы́точная мечта́.

들랴 미냐- 에-떠 녜즈븨-떠츠늬 미츠따-.

여 1   어머 저 블라우스 좀 봐! 너무 이뻐서 눈을 뗄 수가 없다 야.

완전 내 스타일~.

여 2   **가격이 엄청 비싸네.** 여긴 내 사이즈는 없어. 내겐 그림의 떡.

예문의 단어

• **Блу́зка** 블루-스까	[명사-여성]	블라우스
• **Гла́з не оторва́ть** 글라스 니 아따르바-쯔		눈을 뗄 수 없다(=не отвести́ от кого́ глаз)
• **Ка́к раз** 깍 라-스		딱(just), 바로, 마침
• **Мо́й сти́ль** 모-이 스찔-		내 스타일
• **Несбы́точная мечта́** 녜즈븨-떠츠나야 미츠따-		의역 : 그림의 떡 [관용구] 직역 : 이룰 수 없는 꿈 pie in the sky

Ка́ждый пла́тит за себя́.

더치 페이로 하다.

주문내역이 다 달라도 총액을 N분의 1로 내는가? 아니면
각자 주문한 대로 딱 그 만큼만 지불하는가? 등 따라서 표현이 달라진다.

인원수 대로 나눠 내다. (N분의 1로 나눠 내다)	Ски́нуться на + 인원 수	* ски́нуться 서로 돈을 내다(구어)
각자 따로 내다. (더치페이 하다)	Плати́ть отде́льно. Ка́ждый пла́тит за себя́.	* отде́льно : 따로, 별도로 * за себя́ : 자기 몫에 대해
반씩 나눠 내다.	Оплати́ть попола́м.	

- 그러면 반씩 내자.　　Дава́й тогда́ счёт напопола́м. (구어)

Ка́ждый пла́тит за себя́. Блин, у меня́ не́т нали́чки.
까-즈드이 쁠라-찟 자 씨바-. 블린. 우 미냐- 녯- 날리-츠끼.

 У меня́ то́же не́т.
우 미냐- 또-줴 녯-.

Дава́й спро́сим, мо́жно ли рассчита́ться ка́рточкой.
다바-이 스쁘로-씸, 모-즈너 리 라스쉿땃-짜 까-르또츠꺼이.

남1   **더치페이로 하자!** 어머나, 현금이 없다.

남2   나도 없어. 여기 카드도 되는지 물어보자.

예문의 단어

• Нали́чки 날리-츠끼	[명사]	현금(= нали́чные) [구어]
• Рассчита́ться 라쉬땃-짜	[동사 원형]	계산하다.청산하다
• Мо́жно ли~? 모-즈너 리		~해도 되는지요? [= Могу́ ли я + 동사원형]

속이 다 시원한 RUSSIAN USAGE 강의 ④

Я угоща́ю.

내가 대접 할게, 내가 쏠게.

'쏜다'는 돈을 지불하다 **плати́ть** 혹은 돈을 쓰다 **тра́тить** 의 의미도 강하지만
동사 угоща́ть '대접하다' 의 의미로도 흔히 사용한다.

예를 들면, 친구들에게 저녁 쐈어. = **Я друзе́й угости́ли у́жином.**
대접의 대상은 대격, 내용은 조격의 명사를 쓴다.
참고로 **угоща́ть** 는 완료상 동사로 착각하기 쉬운데 불완료상이다.
완료상은 **угости́ть** 이다.

Я угоща́ю вас вы́пивкой.	제가 술 한잔 쏘겠어요.
Я тебя́ угоща́ю чем-то осо́бенным.	내가 너 한테 뭔가 특별한 거 쏠게(대접 할게).

 동사 проставля́ться 한턱 내다

'대접하다, 쏘다'의 의미로 **проставля́ться '한턱 내다'** 라는 동사도 유사하게 쓸 수 있는데,
술이건 식사 건 뭐건 고마움에 대한 표시로 '대접하다'는 의미로 쓴다.
예를 들어, 축하선물을 받아서 감사의 뜻으로 '한턱 쏠 게요' 라고 말 할 때 **проставля́ться**
동사를 써도 센스 만점이다.

한턱 쏠 게요
проставля́ться

Мне наконе́ц-то, удало́сь её подцепи́ть.

므녜– 나까녜쯔–또, 우달로–시 이요– 빳찌삐–쯔.

Сего́дня я угоща́ю.

씨보–드냐 야 우가샤–유.

 Мои́ поздравле́ния.

마이– 빠즈드라블레–니야.

Но говоря́т, что она́ живёт в своём со́бственном ми́ре.

노 가바럇–, 슈또 아나– 지뵷– 브 스바욤– 쏘–브스뜨벤놈 미–례.

Держу́сь от таки́х же́нщин пода́льше.

지르쥬–시 앗 따끼–흐 젠–쉰 빠달–셰.

남 1   내가 드디어 그녀를 꼬시는데 성공했어. 오늘은 **내가 쏜다.**

남 2   축하해. 그런데 걔 좀 4차원이라 던데.

난 그런 여자애들은 좀 멀리 한다네.

• Удало́сь 우달로–시	[동사–중성 과거형]	성공했다 [원형 уда́ться 우닷–쨔]
• Подцепи́ть 빳찌삐–쯔	[동사 원형]	(여성을) 대쉬하다, 꼬시다, 낚아 채다
• Живёт в своём со́бственном ми́ре. 지뵷– 브 스바욤– 쏘–브스뜨벤놈 미–례		4차원이다. (직역 : 자신 만의 세상에서 산다)
Держу́сь 제르쥬–시	[동사–1인칭 현재형]	유지하다, 고수하다. [원형 держа́ться 제르잣–쨔]

[STEP 3 - PART 1]
연습문제

---

1. 다음 괄호 안을 알맞은 단어들로 채우기

① Ка́к здесь (　　　　) и (　　　　)! 여기 너무 좋고 아늑하다!

② Це́ны здесь (　　　　　　). 여기 가격이 장난 아니네.

③ Скупо́й пла́тит (　　　　　)! 싼 게 비지떡!

④ Зде́сь (　　　　) моего́ разме́ра. 여긴 내 사이즈는 없나 봐.

⑤ (　　　　) меня́ э́то несбы́точная (　　　　). 나한테는 그림의 떡이야.

2. 다음 단어나 짧은 문장들을 알맞은 것끼리 연결하기

- Пра́вда ～라고들 말한다. ～라 더라. 말하자면

- Взбодри́сь! (값이) 싸다.

- Аппети́т 기운 좀 차려!. 힘 내!

- Говоря́т (что) ～ 진리, 진실, 정말 인가요?

- Дёшево 식욕. 기호

정답

1. ① хорошо́, ую́тно ② куса́ются ③ два́жды ④ нет ⑤ Для, мечта́

2. Пра́вда 진리, 진실, 정말 인가요? / взбодри́сь! 기운 좀 차려!. 힘 내! / аппети́т 식욕. 기호 / говоря́т (что)～
～라고들 말한다, ～라 더라 / дёшево (값이) 싸다.

술자리와 관련된 표현

술 한자 하자! 술 한잔 하실래요? (Let's have a drink.)

- 뭐 좀 마셔 볼까?

  Мо́жет, вы́пьем чего́-нибу́дь?

- 술 마시재!, 술 마십시다!

  Дава́й вы́пьем! = Дава́йте вы́пьем!

- 한 잔 하러 갑시다!

  Пропу́стим по стака́ну!

  = вы́пьем = пропу́стим.

  (주의 : 술잔 지소형은 가까운 사이에서 사용)

- 한 잔 합시다!

  Вы́пьем по стака́ну!

  = Дава́йте вы́пьем по рю́мке!

- 한 잔 할 래? (하실래요?)

  Мо́жет, по рю́мке?

  = Мо́жет, по стака́ну!

- 부어라 마셔라 할까? 달려볼까?

  Мо́жет, бухнём? (속어)

술과 관련된 표현

- 마시다

  Пи́ть, вы́пить

- 실컷 마시다

  Напи́ться

- 술에 취하다

  Пьяне́ть, пья́н(пьяна́)

- 술은 안 마신다

  Не пи́ть

- 술을 끊다

  Переста́ть пи́ть, бро́сить пи́ть

- 한잔 해~ (한잔 하셔!)

  Вы́пей!

한 잔 하러 갑시다!   달려볼까?

오늘의 대화 2

 У тебя́ хоро́шая па́мять. Но не на́до.

우 찌뱌– 하로–샤야 빠–먀찌. 노 니 나–더.

 Переста́нь! Тепе́рь моя́ о́чередь. Вы́пить то́же охо́та.

뻬리스딴–! 찌뼤–리 마야– 오–체례지. 브이–삐쯔 또–줴 아호–따.

Пропу́стим по стака́нчику?

쁘라뿌–쓰찜 빠 스따깐–치꾸?

 Хорошо́. Да́йте, пожа́луйста, буты́лку со́чжу и две́ рю́мки.

하라쇼–. 다이–쩨. 빠좔–스따. 부띄–일꾸 쏘주 이 드볘– 륨–끼.

 О, кимчи́ про́сто объеде́ние. Попро́буй!

오, 김치 쁘로–스떠 압예졔–니예. 빠쁘로–부이!

여 1   기억력도 좋다. 됐어.

여 2   됐거든요. 내가 낼 차례라고. **술도 좀 당기네.**[5]
        한 잔 할까[6]?

여 1   좋지. 여기 소주 1병 하고 잔도 두 개 **주세요**[7].

여 2   어머, 이 김치 **완전 맛있다!**[8] 좀 먹어봐!

- **Па́мять**
  빠–먀찌 [명사–여성]

  기억(력), 회상, 메모리

- **О́чередь**
  오–체레지 [명사–여성]

  순서,줄, 행렬

- **Вы́пить**
  브이–삐쯔 [동사 원형]

  술을 마시다, 마시다

- **Охо́та**
  아호–따 [명사–여성]

  욕망, 욕구, 기호

- **Пропу́стим по стака́нчику.**
  쁘라뿌–쓰찜 빠 스따깐–치꾸 [구어]

  [구어] 술마시러 가자.

- **Попро́буй**
  빠쁘로–부이 [동사–2인칭 명령형]

  해 봐. 시도해 봐
  [원형 попро́бовать 빠쁘로–보바쯔]

- **Объеде́ние**
  압예제–니예 [명사–중성]

  엄청나게 맛있는 음식

여기 소주 /병 하고
잔도 두 개 주세요.

술도 좀 당기네~~~

Вы́пить то́же охо́та.

술도 좀 당기네.

명사 Охо́та.

이 단어는 일단 사냥, 수렵이라는 뜻이 떠오른다.

그러나 기호, 흥미, 욕망의 의미도 있다.

이런 의미도 있기에 구어적으로는 무인칭문 유사 술어의 기능을 하여

~이 내키다, ~하고 싶다. 당기다(feel like to~)등의 뉘앙스 전달이 가능하다.

대표적인 유사표현은 **Хо́чется**(~하고 싶다) 이다.

아래의 예문 처럼 **동사원형 혹은 к + 여격 명사**를 결합시켜 사용한다.

Мне охо́та отдохну́ть.	나는 쉬고 싶다.
Охо́та к жи́зни	삶에 대한 욕망

반대로,' ~하고 싶지 않다, 안 당긴다' = неохо́та (= нéт жела́ния, не хо́чется) 이다.

Сего́дня хо́лод соба́чий. Тепле́е одева́йся!

씨보-드냐 홀-롯 싸바-치이. 찌쁠례-에 아제바-이샤!

 Что? Ре́зкое похолода́ние?

슈또-? 레스-꼬예 빠할라다-니예?

Мне в таку́ю пого́ду всегда́ вы́пить охо́та.

므녜- 브 따꾸-유 빠고-두 브씨그다- 브이-삐쯔 아호-따.

여　　오늘 진짜 엄청 추워. 옷 단단히 입어야 해!

남　　뭐 야? 꽃샘추위 야? 난 추운 날엔 항상 **술이 당기더라.**

예문의 단어

• Хо́лод соба́чий	[관용구]	혹한, 한파, 엄청 춥다
홀-롯 싸바-치이		
• Тепле́е одева́йся!	[관용구]	옷 단단히 입어라!
찌쁠례-예 아제바-이샤!		

속이 다 시원한 *RUSSIAN USAGE* 강의 ⑥

Пропу́стим по стака́нчику?

술 한잔 하러 갈까요? (한잔 할까요?)

Пропу́стим по стака́нчику, вы́пьем по стака́нчику!, вы́пьем, пропу́стим 모두
Let's have a drink. 술 한잔 합시다! 의 의미로
영어의 Let's ～해요, ～합시다 에 해당하는 청유형 дава́й(-те)가 생략된 것이다.

По стака́нчику, по рю́мочке 등 술잔을 지소형으로 하는 경우는
아주 가까운 사이에서 거칠게 때로는 애교있게 주고 받는 대화에서 만 가능하다.
따라서 пропу́стим по стака́ну, вы́пьем по стака́нку, вы́пьем по рю́мке 등 처럼
술잔을 지소형으로 쓰지 않는 것이 더 일반적이다.

젊은 층에서 유행어 이기도 한 속어로는 부어라 마셔라 할까?, 달려볼까? 등의 뉘앙스가
담긴 죠크 식의 Мо́жет, бухнём? 도 있는데 거칠고 속된 어감이 있어 친분이 매~우~
두터워야만 쓸 수 있다. 이 표현은 청년층이 매우 즐기며 흥미로워 하는 표현이기도 하다.

STEP3-PART1 연습문제 뒤편에 다양한 유사 표현들이 정리되어 있으니 잊지 말고 정리해 두자.

Эй, недотро́га!

에이, 니다뜨로-가!

Е́сли свобо́дна, дава́й пропу́стим по стака́нчику.

예-슬리 스바보-드나, 다바-이 쁘라뿌-스찜 빠 스따깐-치꾸.

 Меня́ тошни́т от тебя́! Я сего́дня допоздна́ рабо́таю. Отвали́!

미냐- 따슈닛- 앗 찌뱌-! 야 씨보-드냐 다빠즈드나- 라보-따유. 앗뜨발-리!

남   에이! 까도녀! 시간 있으면, **술이나 한잔 하러 가자.**

여   넌 정말 느끼하구나! 오늘 야근이야. 꺼지 셈!

예문의 단어

• **Недотро́га** 네다뜨로-가	[명사-여성]	까칠한 여자, 봉선화
• **Тошни́т** 따슈닛-	[동사-3인칭 현재형]	메스껍다, 멀미난다 [원형 **Тошни́ть** 따슈닛-쯔]

TIP! '야근하다'와 '꺼져'에 관하여

1. 야근하다

Рабо́тать допоздна́, задержа́ться на рабо́те допоздна́,
у кого́ ночна́я рабо́та

2. '꺼져라!'는 가장 무난하고 쉬운 말은 **Иди́ отсю́да!** (가버려!). 명령형 **отвали́!** 의 경우
동사 **отвали́ть**는 아낌 없이 준다 이지만 명령형은 '꺼지라'는 의미가 있으니 조심해 사용하자.
회화에서 자주 등장하는 꺼져라!를 강도에 따라 정리해 본다.

Отста́нь < иди́ отсю́да < иди́ ле́сом < прова́ливай < отвали́

Да́йте, пожа́луйста, буты́лку со́чжу.

소주 1병 주세요.

'~ 주세요' **Да́йте, пожа́луйста**는 상점, 식당 등 물건을 사거나 주문을 할 때 상당히 유용하다.

Please에 해당하는 пожа́луйста는 현지에 가면 하루에 수도 없이 듣게되는 국민 관용어 **дава́й(-те)** 만큼이나 필수적인 회화 해결사 이다. **Пожа́луйста**를 생략하면 말은 안 해도 불쾌해 할 수 있으니 가급적 문장 뒤에 붙여서 사용하는 것이 좋다.

 술잔에도 관심을 가져보자

러시아인은 섬세하게 술의 종류에 따라 술잔을 달리 하여 '한잔 하자' 라는 말을 다양하게 쓴다.
즉, 대화 속 술잔을 알면 무슨 술을 마시자는 얘기인지 감이 잡히기도 한다.
생존에 중요한 주종과 술잔에 대해 무조건 외우자.

보드카	по рю́мке, по стака́ну, по буты́лке
와인, 위스키	по бока́лу
소주	по рю́мке, по стака́ну, по буты́лке, по сто́пке
맥주	по рю́мке, по стака́ну, по буты́лке, по кру́жке,

거의 모든 주종에 공통으로는 **по рю́мке, по стака́ну, по буты́лке** 쓴다.
그래도 복잡하다면 주종 무관 그냥 **по стака́ну** 강추한다.

Неуже́ли ты до сих пор не уве́рен, что она́ тобо́й игра́ет?

니우젤–리 띄 다 씨흐 뽀르 니 우볘–롄, 슈또 아나 따보–이 이그라–옛?

Ты всё ещё сомнева́ешься?

띄 프쑈– 이쑈– 싸므녜바–요씻샤?

 Хва́тит об э́том. Да́йте буты́лку со́чжу, пожа́луйста.

호바–찟 압 에–똠. 다–이쩨 부띌–꾸 쏘–주, 빠좔–스따.

남 1　　갸가 널 갖고 노는 거 여태 몰랐던 거야?

　　　　아직도 흔들리는 거야?

남 2　　그만 얘기 하자. 소주 1병 주세요.

예문의 단어

• Неуже́ли 니우젤–리	[부사/소사]	정말(과연) ~ 인가?
• До сих по́р 다 씨흐 뽀–르		지금 까지
• Не уве́рен, что + 문장 니 우볘–롄, 슈또		~확신이 없다
• Игра́ть 이그라–쯔	[동사]	(조격과 함께) 누구를 가지고 놀다(장난치다)
• Всё ещё 프쑈– 이쑈–	[부사구]	여전히, 아직 까지도
• Сомнева́ешься 싸므녜바–요씻샤	[동사–2인칭 현재형]	의심하다, 긴가 민가 하다, 의혹을 품다 [원형 сомнева́ться 싸므녜밧–쨔]
• Хва́тит об э́том. 호바–찟 압 에–똠		이제 (그 얘긴) 그만하자, 할만큼 했어.

Кимчи́ про́сто объеде́ние!

김치 너무너무 맛 있다!

군침 삼키게 하며 amazing 할 만큼 상당히 맛있는 음식을 두고 흔히 쓰는 명사이다.
너무 맛있어는 о́чень вку́сно (so delicious)를 가장 많이 쓰지만 **про́сто объеде́ние** 는
확실한 구어적 표현임을 알아 두자.

영어의 관용구 something finger-licking good 에 일치되는 손가락을 싹싹 빨아 댈 정도로
맛있다 는 말 그대로 의미로 Па́льчики обли́жешь! 라 한다.

발음은 다소 꼬이지만 간단하고 짧게 **Вкуснти́ща!** 라 해도 구어적으로는 Very Good 이다.

연습문제

---

1. 다음 괄호 안을 알맞은 단어들로 채우기

① У тебя́ хоро́шая (　　　).　　　　　　　　　　너 기억력 좋다.

② (　　　　　) по стака́нчику?　　　　　　　　　술 한 잔 할까?

③ Тепле́е (　　)!　　　　　　　　　　　　　　　옷 단단히 챙겨 입어!

④ (　　　　　) охо́та.　　　　　　　　　　　　　술도 좀 당기네.

⑤ Я сего́дня (　　　　　) рабо́таю.　　　　　　　나 오늘 야근이야.

2. 다음 단어나 짧은 문장들을 알맞은 것끼리 연결하기

- Объеде́ние 　　　　　　　　　　　　　만일 한가 하면, 시간이 되면

- Тошни́т от чего, кого́ ~ 　　　　　　　　　　정말 ~ 인가?

- Неуже́ли 　　　　　　　　~ 때문에 불쾌하다(멀미난다. 어지럽다)

- Если свобо́дна 　　　　　　　　　　　　　　　혹한, 한파

- Хо́лод соба́чий 　　　　　　　　　　　　　매우 맛있는 음식

정답

1. ① па́мять ② Пропу́стим ③ одева́йся ④ Вы́пить ⑤ допоздна́

2. Объеде́ние 매우 맛있는 음식 / тошни́т от чего, кого́ ~ ~때문에 불쾌하다(멀미난다. 어지럽다) /

неуже́ли 정말 ~ 인가? / если свобо́дна 만일 한가 하면, 시간이 되면 / хо́лод соба́чий 혹한, 한파

최상급 만들기... 이 보다 더 쉬울 수 없다!

비교급 + не́куда

'∼할 곳이 없다'는 의미의 부사 **не́куда** 는 비교급과 함께 쓰면 '최고의, 가장'의 의미를 나타내 최상급을 쉽게 만들 수 있다.

- Ху́же не́куда   이보다 나쁠 수 없다 ⇨ 가장 나쁘다.

- Лу́чше не́куда   이보다 좋을 수 없다 ⇨ 가장 좋다.

- Краси́вее не́куда   이보다 예쁠 수 없다 ⇨ 가장 예쁘다.

이 또한 지나가리라...

И э́то пройдёт...

오늘의 목표

1. 자주 쓰지만 애매한 표현 구분

'이 또한 지나가리라' 를 다양하고 한층 더 의미 있게 표현해 보자.

2. 일상 구어체 관용구 연습

'이미 다 지난 일이야' 즉, 고통의 시간이 지났음을 감각 있게 표현해 보자.

3. 회화에 잘 사용되는 관용구 연습

낙담 하지마!, 기운내!, 화이팅! 등 실의에 빠진 상대를 위로하고 격려해 주는 다양한 구어적 관용구를 학습하자.

이번 강의의 주요 표현

Let it go!	머리가 터질 것 같아.	저런 싸가지~!
기회는 또 올 거야.	뭐 저런 게 다 있어!	화이팅!
기회를 놓치지 마!	심기일전	
너 답지 않아.	이 또한 지나가리라.	

오늘의 대화 1

 Не па́рься! Э́то на тебя́ не похо́же.

니 빠—리샤! 에—떠 나 찌뱌— 니 빠호—졔.

 Я провали́ла фина́льное собесе́дование.

야 쁘라발릴—라 피날—녜예 싸비셰—더바니예.

Настрое́ние – ху́же не́куда!

나스뜨라예—니예 – 후—졔 녜—꾸다!

 Дорога́я моя́, у тебя́ ещё бу́дет ша́нс.

다라가—야 마야. 우 찌뱌— 이쑈— 부—짓 샨—쓰.

Наста́нут и хоро́шие времена́.

나스따—눗 이 하로—쉬예 브리미나—.

여 1 **걱정 좀 그만 해!** [1] **너 답지 않아.** [2]

여 2 최종 면접에서 떨어 졌어.

기분 최악!

여 1 사랑하는 친구야, **기회는 또 와.** [3]

그리고 좋은 날도 올 거야.

- **Провали́ть (экза́мен)**
  쁘러발리–쯔 (익자–멘)

  (시험을) 망치다

- **Фина́льное собесе́дование**
  피날–녜예 싸비셰–더바니예

  최종 면접

- **Дорога́я моя́**
  다라가–야 마야 (여성 대상 호칭)

  우리~ 야, 여보,달링, 자기야

- **Ша́нс**
  샨–쓰 [명사–남성]

  기회 [=возмо́жность 바즈모–즈노스찌]

- **Наста́нут**
  나스따–눗 [동사–3인칭 현재형]

  다가오다, 도래 하다[원형 наста́ть 나스따–쯔]

- **Хоро́шие времена́**
  하로–쉬예 브리미나–

  좋은 시절(시대), 좋은 날

기회는 또 와   최종 면접에서 떨어 졌어.

속이 다 시원한 RUSSIAN USAGE 강의 ①

Не па́рься!

괴로워 마! 근심 걱정 하지마!

상대방이 **실의에 빠져 자신감을 잃고 크게 괴로워 할 때**, 풀이 죽어 있을때 쓴다.
영어의 Don't worry, be happy! 와 참으로 잘 맞아 떨어지는 유용하고 재밌는 표현이다.

Не па́рься! 분석해보자!

원형	Па́риться 의미: 사우나 하다. (사우나 등에서) 땀을 빼다
격려의 뜻으로 사용되는 이유	사우나 할 때 김이 나는 모습을 화가 많이 나 있는 상태에 비유. 부정소사 Не와 함께 쓰면 ⇨ 땀 빼지마! 열내지마! 가 된다.
의미	Не па́рься! 열 받지 마! = 괴로워 마! = 걱정 떨쳐버려!
사용 예	Не па́рься, прое́хали! 걱정 마! 지난 일 이야.

 알아두면 좋은 응용 표현

격려 표현

낙심 하지 마!, 기운 내, 힘 내, 기죽지 마!, 기분 풀어! , 기운 내!

Не ве́шай(-те) но́с!	Не уныва́й(-те) !	Не па́дай(-те) ду́хом!
Не теря́й(-те) го́лову!	Не расстра́ивайся (-йтесь) !	Да ла́дно тебе́!

Что с тобо́й случи́лось? Не па́рься! Расскажи́ всё.

슈또 스 따보–이 슬루칠–로시? 니 빠–리쎠! 라스까지– 프쑈–!

 Я по оши́бке по́лностью удали́л фа́йл.

야 빠 아쉬–프케 뽈–노스찌유 우달릴– 파–일.

Ка́жется, мо́зг мо́й про́сто взорвётся.

까–젯쨔. 모–스크 모–이 쁘로–스떠 브자르봇–쨔.

남 1   무슨 일이야? **걱정 하지마!** 다 얘기 해 봐.

남 2   실수로 파일을 전부 날려 버렸어. 머리가 터질 것만 같아.

예문의 단어

• Что с тобо́й (случи́лось)? 슈또 스 따보–이 (슬루칠–로시) ?	[관용구]	[관용구] 무슨 일 이야?
• По оши́бке 빠 아쉬–프께		실수로, 그만 잘못하여
• По́лностью 뽈–노스찌유	[부사]	완전히, 전적으로
• Удали́л 우달릴–	[동사–남성 과거형]	삭제하다, 제거하다 [원형 удали́ть 우달리–쯔]
• Мо́зг 모–스크	[명사–남성]	뇌, 머리
• Взорвётся 브자르봇–쨔	[동사–3인칭 현재형]	폭발하다. 터지다 [원형 взорва́ться 브자르밧–쨔]

Э́то на тебя́ не похо́же.

너답지 않아. 너 참 낯설다. (It's not like you.)

상대방이 평소와 다른 행동을 할 때 쓴다.

Не похо́жий는 외모 보다 행동이 낯설게 느낄 때 쓰는 것이 적절하다.

외모 건 혹은 행동 이건 평소와 다르게 느껴지면 동사 '알아보다' **узна́ть**를 써서

(Я почти́) тебя́ не узна́ю. 즉, '나 너 못 알아 보겠어.'라고 매우 자연스런 문장이 된다.

너답지 않아, 너 참 낯설다.	Э́то сама́ не своя́. (여성에게)
	Э́то сам не свой. (남성에게)
너 완전 다른 사람 같아 보여.	Ты вы́глядишь, как совсе́м друго́й челове́к.

Как земля́ таки́х но́сит! Вида́ла тако́го наглеца́?

깍– 지믈랴– 따끼–흐 노–씻! 비달–라 따꼬–버 나글릿짜–?

Он мне ещё ты́кает.

온 므녜 이쑈– 띄–까옛.

 Дорого́й! Э́то на тебя́ не похо́же.

다라고–이! 에–떠 나 찌뱌– 니 빠호–졔.

Не зли́сь, ты у меня́ са́мый лу́чший!

니 즐리–시. 띄 우 미냐– 싸–므이 룻–쉬!

남   뭐 저런 게 다 있어! 저런 싸가지~ 봤냐?

     나보고 너라 잖아.

여   자기야! **자기 답지 않아.** 화내지 마! 우리 자기가 최고야!

예문의 단어

- **Не зли́сь**   [동사–2인칭 명령형]   화내지 마! 열 내지마! [원형 зли́ться 즐릿–쨔]
  니 즐리–시
- **Ты́кает**   [동사–3인칭 명령형]   너라고 하다, 반말을 하다 [원형 Ты́кать 띄–까쯔]
  띄–까옛

 알아 두면 유용한 문장

1. 너 라고 해도 될까요? = 말을 놓아도 되나요?   ⇨ Ты́кает? = Мо́жно на ты?

2. 싸가지 없는 사람, 싸가지~ 를 표현 할 수 있는 대표 세 단어   ⇨ Нагле́ц, парши́вец, грубия́н(грубия́нка)

3. 뭐 저런 게(인간이) 다 있냐!   Как земля́ таки́х но́сит!

   진짜 살다살다 뭐 저런 인간도 다 있네!   Быва́ют же таки́е ти́пы!

Ещё бу́дет ша́нс.

기회는 또 온다.

'기회'라는 대표적인 명사는 возмо́жность, ша́нс 이 두 가지인데
'기회를 놓치다'는 동사 упусти́ть 를 쓴다.

동사 Упусти́ть의 유의어 пропу́стить를 사용한 아주 유용한 회화 활용법

1. 상대에게 할 말이 있었는데 미쳐 하지 못했을 때도 사용 가능.

2. 모임 등에서 자리를 잠시 비우고 돌아왔을 때
   오간 대화가 궁금하거나, 뒷담화가 우려될 때 센스 있게 사용해 볼만 하다.

   Я что́-то пропу́стил(а)? = (나 없을 때) 무슨 얘기 했어? (what did I miss?)

Вчера́ была́ возмо́жность поцелова́ть её.

프체라– 빌–라 바즈모–즈너스찌 빠쪨로바–쯔 이요–.

Но ду́ху не хвати́ло.

노 두–후 니 흐바찔–러.

 Ну, у тебя́ ещё бу́дет ша́нс.

누, 우 찌뱌– 이쑈– 부–짓 샨–쓰.

В сле́дующий раз не упусти́ свою́ возмо́жность.

브 슬례–두유쉬이 라스 니 우뿌스찌– 스바유– 바즈모–즈너스찌.

Дава́й, держи́сь!

다바–이, 졔르쥐–시!

남1   어제 말이지 걔랑 키스할 기회가 있었거든.

그런데 용기가 안 났어.

남2   저런, **기회가 또 올거야.** 다음 번엔 기회 놓치지 마! 화이팅!

예문의 단어

• Поцелова́ть	[동사 원형]	키스하다
빠쪨로바–쯔		
• Ду́ху не хвати́ло.	[관용구]	용기가 없다.
두–후 니 흐바찔–러		
• Дава́й, держи́сь!	[관용구]	화이팅!, 아자 아자!
다바–이, 졔르쥐–시!		[유사표현 Вперёд!, дава́й!, уда́чи!]

연습문제

---

1. 다음 괄호 안을 알맞은 단어들로 채우기

   ① Это на тебя́ не (   ).   너 답지 않아.

   ② Настрое́ние - (   ) не́куда!   기분 최악!

   ③ Я по (   ) по́лностью удали́л файл.   실수로 파일을 전부 삭제해버렸어.

   ④ Ду́ху не (   ).   용기가 안 나다.

   ⑤ Не (   ) свою́ возмо́жность!   기회를 놓치지 매!

2. 다음 단어나 짧은 문장들을 알맞은 것끼리 연결하기

   • Фина́льное собесе́дование   화이팅!

   • Дава́й, держи́сь!   싸가지 없는 사람 , 철면피, 오만불손한 사람

   • Что с тобо́й случи́лось?   좋은 시절, 좋은 날

   • Хоро́шие времена́   최종면접

   • Нагле́ц   무슨 일이야?

정답

1. ① похо́же ② ху́же ③ оши́бке ④ хвати́ло ⑤ упусти́

2. Фина́льное собесе́дование 최종면접 / дава́й, держи́сь! 화이팅 / что с тобо́й случи́лось? 무슨 일이야? /
   хоро́шие времена́ 좋은 시절, 좋은 날 / нагле́ц 싸가지 없는 사람, 철면피, 오만불손한 사람

알아두면 좋은 응용 표현

'기회'에 관한 표현

기회를 얻다.	получи́ть возмо́жность
기회를 주다	доста́вить(дать, предоставля́ть) возмо́жность
기회를 놓치다	упуска́ть возмо́жность
기회를 활용하다	испо́льзовать возмо́жность

오늘의 대화 2

🪆 На́до опя́ть нача́ть с чи́стого листа́.
나–더 아빳–찌 나챠–쯔 스 치–쓰따버 리스따–.

🪆 Вот тепе́рь я тебя́ узна́ю.
봇 찌뻬–리 야 찌뱌– 우즈나–유.

Мы мо́лоды, и у нас ещё всё впереди́.
믜 몰–로듸. 이 우 나–쓰 이쑈– 프쑈– 브뻬리지–.

🪆 Спаси́бо за подде́ржку.
스빠씨–버 자 빳졔–르슈꾸.

🪆 По́мнишь, как мы часте́нько говори́м ?
뽐–니쉬. 깍 믜 차스쪤–꺼 가바림–?

🪆 Коне́чно. Как обы́чно. «И э́то пройдёт!»
깐녜–슈녀. 깍 아븨–츠너 '이 에–떠 쁘라이죳–'

여 2 **심기일전**[4] 해야지.

여 1 이제야 너답다. 우린 젊으니까 아직 미래가 밝다고.

여 2 응원해줘서 고마워.

여 1 우리 자주 했던 말 **기억하지**[5]?

여 2 당연하지. 항상 그랬던 것처럼 **'이 또한 지나가리라!'** [6]

- **Тепéрь**
  찌뻬–리 [부사]

  지금에서 야, 이제

- **Узнáю**
  우즈나–유 [동사–1인칭 현재형]

  의역 : 이제야 너답다
  직역 : 이제야 너 인줄 알아보겠다

  [원형 узнáть 우즈나–쯔]

- **Поддéржка**
  빳졔–르슈까 [명사–여성]

  지지, 격려, 응원

- **Частéнько**
  차스쪤–꺼 [부사]

  자주, 종종 [чáсто 차–스떠의
  지소형, 구어적 표현]

- **Конéчно**
  깐녜–슈너 [부사]

  당연하지. 물론입니다
  (= разумéется 라주몌–옛짜)

- **Как обы́чно**
  깍 아븨–츠너

  항상 그랬던 것처럼, 평소 처럼

- **Ещё всё впереди́**
  이쑈– 프쑈– 브뼤리지– [관용구]

  미래가 밝다. 미래가 창창하다

 알아두면 좋은 응용 표현

'당연하지 of course'의 유사 표현

Безусло́вно	절대적으로, 단연코, 물론
Есте́ственно	자연스레, 순조로이, 당연히
Коне́чно	물론이지, 당근이야, 당연해요 = **Разуме́ется** 자명하다, 당연하다

Нача́ть с чи́стого листа́.

심기 일전 하다.

영어로는 turning over a new leaf 가 많이 사용되는데 러시아어는 상당히 다양하다.
'새로 시작하다'라는 뜻만 제대로 전달된다면 어떤 문장이나 무난하다.

위에서처럼 모든 것, 전부라는 의미로 **всё**를 넣어서
нача́ть всё с чи́стого листа́ 라고 하면 의미가 한결 강조된다.
всё는 시작하다 **нача́ть**의 목적어가 됨으로 명사이다.

여기서 잠깐만! **Всё** 이 간단하면서 중요한 단어에 주목해보자.
всё는 명사, 부사, 형용사, 대명사 심지어 소사 기능까지 모두 해내는 회화에서 감초 중의 감초
이다. 특히, 비교급을 강조해주는 소사의 기능도 있음을 꼭 알아 두자.

비교급 강조 '소사'의 **всё**

Бо́льше   더 큰, 더 많이
всё бо́льше   훨씬 더 큰, 훨씬 더 많이

 알아두면 좋은 응용 표현

심기 일전의 표현

Нача́ть всё с нача́ла.	전부 새로 시작하다.
Нача́ть всё с чи́стого листа́.	전부 백지상태에서 부터(원점에서 부터) 시작하다.
Нача́ть жи́знь снача́ла.	새로운 삶을 시작하다.
Нача́ть жи́ть по-но́вому.	새롭게 살기 시작하다.
Открыва́ть но́вую страни́цу.	새 페이지를 열다.

This, too, shall pass의 유사표현

(상황이 진행 중인 현재 라면) 이 또한 지나가리라	다 지나가리라.	Всё пройдёт.
	이 또한 지나가리라.	И это пройдёт.
	(다) 괜찮아져. ⇨ 그냥 지나고 나면 다 좋아져.	(Всё) Обойдётся.
	다 지나가고, 모든 것이 다 좋아질 거예요.	Всё пройдёт, всё будет хорошо.
(상황이 이미 끝난 과거 라면) 이미 다 지난 일이야	전부 이미 다 지난 일이야.	Всё уже прошло.
	이미 과거지사. 이미 지나간 일이야.	Дело прошлое.
	이미 아주 오래 전 일이잖아.	Дела давно минувших дней.

Let it go!

겨울 왕국 OST로 유명해진 Let it go! (다 잊어 버려!)는 러시아어로 어떻게 하면 좋을까?

'다 지난 일이니, 그러니까 그냥 다 잊어!'라는 의미의 이 문장은

'다 지나가 버렸다~' 라는 동사를 과거형으로 그냥 **Проехали~~!** 라고 말하면 된다.

Проехали, забей! 다 잊어 버려, 걱정 마!

아주 유용한 표현이므로 꼭 기억하자.

속이 다 시원한 RUSSIAN USAGE 강의 ⑤

Часте́нько

자주, 종종

부사 **Ча́сто**의 지소형이다.
지소형이 란 친근감의 표시로
다소 귀엽거나 애정, 애교 등의 느낌을 살려주는 형태이다. 때문에 문어 보다는 구어체에서 훨씬
빈번히 사용된다.

부사나 형용사가 – е́нько, – е́нький 형태를 취하여 구어체에서는 지소형으로 사용되는 경우가
많다. 초보 학습자의 경우는 다른 단어로 알 수도 있으니 반드시 숙지해 두자.

지소형 부사

Бы́стро ⇨ бы́стренько	빨리
Вку́сно ⇨ вку́сненько	맛있다
Давно́ ⇨ давне́нько	오래전에
Ма́ло ⇨ ма́ленько	적다, 부족하다
Ра́но ⇨ ра́ненько	일찍
Хорошо́ ⇨ хороше́нько	좋다
Ча́сто ⇨ часте́нько	자주

Нельзя́ так транжи́рить де́ньги.

닐리쟈– 딱 뜨란쥐–리쯔 젠–기.

Отста́нь! Э́то же вы́годная поку́пка!

앗쓰딴–! 에–떠 줴 븨–고드나야 빠꾸–쁘까!

Я не могу́ жи́ть без шо́пинга.

야 니 마구 쥐–쯔 비스 쇼–삥가.

여 1 돈을 그렇게 자주 함부로 막 써 대면 안되지!

여 2 그만! 득템! 나는 쇼핑 없인 못 살어.

예문의 단어

- Транжи́рить

  뜨란쥐–리쯔

  (특히) 돈을 펑펑 써 대다

- Вы́годная поку́пка

  븨–고드나야 빠꾸–쁘까

  유익한 쇼핑, 득템 (= уда́чная ~ 우다–츠나야)

'쇼핑하다'의 다양한 표현 정리!!

Де́лать поку́пки, ходи́ть за поку́пками, пойти́ по магази́нам,

походи́ть по магази́нам , сходи́ть по магази́нам

*쇼핑은 외래어 그대로 шо́пинг도 많이 쓴다.

И э́то пройдёт.

이 또한 지나가리라. (This, too, shall pass)

많은 이들의 가슴을 울리며 좌우명이 되기도 하는 이 문구의
가장 무난한 러시아적인 표현은 **всё пройдёт** 인 것 같다.

하지만 '이 또한 지나가리라'를 단어 대 단어 그대로 직역한다면 **И э́то пройдёт.**
따라서, 이해가 쉽도록 본문의 제목을 **И э́то пройдёт.** 으로 하였다.

(Всё) Обойдётся.	(다) 괜찮아 질 거야 (내버려두면 다 좋아져).
Всё бу́дет хорошо́.	다 좋아질 거야.
Всё полу́чится.	다 잘 풀리겠지. 다 잘 될 거야.

 이미 지난 일이잖아

상황에 따라 과거형으로 표현하여 '이미 지난 일이잖아' 라 하여도 OK!

Всё уже́ прошло́.	전부 이미 다 지난일이야.
Де́ло про́шлое.	이미 과거야.
Дела́ да́вно мину́вших дней	이미 아주 오래 전 일이잖아.
Прое́хали!	신경 꺼! (다 지난일이야.)

그 유명한 let it go! 도 유사 상황에 쓸 수 있다는 거~

Забе́й!	잊어 버려!, 신경 꺼! (Let it go)
	Let it go!와 너무나 잘 맞아 떨어지는 표현 Забе́й!

Почему́ я ка́ждый раз не прохожу́ прослу́шивание?

빠치무– 야 까–즈드이 라–스 니 쁘라하주– 쁘라슬루–시바니예?

Как же сло́жно ста́ть актри́сой!

깍 줴 슬로–즈너 스따–쯔 악뜨리–써이.

 У тебя́ е́сть всё зада́тки, что́бы ста́ть актри́сой.

우 찌뱌– 예–스쯔 프셰 자다–뜨끼, 슈또–브이 스따–쯔 악뜨리–써이.

Не сдава́йся. и всё пройдёт.

니 즈다바이–샤, 이 프쇼– 쁘라이죳–

여1   난 왜 매번 오디션에 떨어지는 걸까? 배우 되기 진짜 힘들다 !

여2   넌 배우 될 자질이 충분해. 포기 하지 마, **이 또한 지나가리라!**

- **Ка́ждый раз**
  까–즈드이 라–스

  매번, 번번히

- **Пройти́ прослу́шивание**
  쁘라잇찌– 쁘라슬루–시바니예

  오디션에 합격하다.

- **Сло́жно**   [부사]
  슬로–즈너

  어렵다, 복잡하다, 난해하다

- **Зада́тки**   [명사–복수]
  자다–뜨끼

  자질, 기질

- **Не сдава́йся**   [동사–2인칭 명령형]
  니 즈다바–이샤

  포기하지 마, 무너지지 마!

연습문제

---

1. 다음 괄호 안을 알맞은 단어들로 채우기

① (　　　　) всё с чи́стого листа́.   심기일전하다.

② Вот тепе́рь я тебя́ (　　　).   이제야 너 답네.

③ Спаси́бо (　　　) подде́ржку.   응원해줘서 고마워.

④ Я не могу́ жи́ть (　　　) шо́пинга.   나는 쇼핑 없인 못살아.

⑤ Как же (　　　) (　　　) актри́сой!   배우 되기 진짜 힘들다!

2. 다음 단어나 짧은 문장들을 알맞은 것끼리 연결하기

- Как обы́чно   오디션

- Транжи́рить де́ньги   득템(=good buy), 유익한 구매

- Прослу́шивание   당연하지. 물론입니다.

- Вы́годная поку́пка   항상 그랬던 것처럼

- Коне́чно   돈을 펑펑 쓰다. 낭비하다.

정답

1. ① Нача́ть ② узнаю́ ③ за ④ без ⑤ сло́жно, ста́ть

2. **Как обы́чно** 항상 그랬던 것처럼 / **транжи́рить де́ньги** 돈을 펑펑 쓰다. 낭비하다 / **прослу́шивание** 오디션/ **вы́годная поку́пка** 득템(=good buy), 유익한 구매 / **коне́чно** 당연하지. 물론입니다(부사)

결혼 축하해!
Поздравля́ю со сва́дьбой !

오늘의 목표

1. 자주 쓰지만 애매한 표현 구분

결혼 이라는 다양한 단어들은 **сва́дьба, бра́к, бракосочета́ние, жени́тьба, заму́жество** 등 5가지로 정리 할 수 있다. 자세한 구분은 본문에서 학습하자.

2. 일상 구어체 관용구 연습

각종 축하 멘트를 익혀 보자.

3. 회화에 잘 사용되는 관용구 연습

이성 교제에서 자주 사용되는 표현들을 예문을 통해 재밌게 배워보자.

이번 강의의 주요 표현

갑자기 왜 그래?	내 눈엔 너 만 보여.	빵 터진다.
걔랑 깨졌어.	네가 나의 멘토야.	콩깍지가 씌다.
결혼 축하해.	말조심 좀 해라.	천생 연분이다.

Поздравля́ю со сва́дьбой!

빠즈드라블랴–유 씨 스바–지버이!

Неве́ста у тебя́ про́сто краса́вица! Ты – счастли́вчик!

니베–스따 우 찌뱌– 쁘로–스떠 끄라싸–빗쨔! 띄 – 쉬슬립–프칙!

Разуме́ется! А что́, Ива́н ещё не пришёл?

라주몌–옛짜! 아 슈또–. 이반– 잇쑈– 니 쁘리쑐–?

Идио́т. Он да́же в тако́й день умудря́ется опа́здывать.

이지옽–. 온 다–줴 브 따꼬–이 졘 우무드랴–옛쨔 아빠–즈듸바쯔

Ну и ла́дно. И ты жени́сь пока́ влюблён.

누 이 라–드녀. 이 띄 쥐니–시 빠까– 블류블룐–.

남 1 **결혼 축하해[1].**

신부가 눈부시게 아름답다. 넌 행운아야!

남 2 당연하지! 그런데 이반은 아직 안 온 거야?

남 1 바보녀석 하곤. 오늘 같은 날도 늦고 꼼수를 쓰네.

남 2 됐어, 그건 그렇고. **너도 사랑에 빠졌을 때[2] 장가 가[3].**

- **Невéста**
  니볘–스따 [명사–여성]

  신부 (신랑= **женúх** 쥐니–흐)

- **Красáвица**
  끄라싸–빗짜 [명사–여성]

  미인

- **Счастлúвчик**
  쉬슬립–프칙 [명사–남성]

  행운아, 행복한 사람

- **Идиóт**
  이지올– [명사–남성]

  바보, 천치, 쪼다

- **Умудря́ется**
  우무드랴–옛짜 [동사–3인칭 현재형]

  꼼수를 쓰다. 꾀 부리다[원형
  умудря́ться 우무드랏–짜]

- **Опáздывать**
  아빠–즈드바쯔 [동사 원형]

  지각하다, 늦다

- **Женúсь**
  쥐니–시 [동사–2인칭 명령형]

  장가 가!
  [원형 **женúться** 쥐닛–짜]

TIP! **청혼 표현** 많이 로맨틱하진 않아도 실제 정말 많이 쓰이는 실전문장

- 청혼하다   Дéлать предложéние

- 나의 아내가 되어 주겠니?   Ты стáнешь моéй женóй?

- 제 아내가 되어 주겠소?   Вы бýдете моéй женóй?

- 우리 결혼 하자!   Давáй поженимся!

- 너 시집오는 거지?(동의 하지?)   Ты соглáсна вы́йти за меня́ зáмуж?

Поздравля́ю со сва́дьбой!

결혼 축하해!

축하하다는 Поздравля́ть 동사의 사용이 가장 일반적이다.

축하 대상은 전치사 С + 조격 명사 로 간단히 표현한다.

결혼 축하해! С днём бракосочета́ния!, Поздравля́ю со сва́дьбой!

강조 하고 싶을 땐 '진심으로'= от всей ду́ши, от всего́ до́брого, и́скренне와 결합하여 쓴다.

결혼 여부를 물을 때는 남성과 여성에게 쓰는 표현이 전혀 다르니 반드시 익혀 두자.

남성 에게 물을 때, Вы жена́ты? 결혼 하셨나요(장가 가셨어요)? Ты жена́т? 너 결혼 했어 (장가 갔어)?

여성 에게 물을 때, Вы за́мужем? 결혼 하셨나요 (시집 가셨어요)? Ты за́мужем? 너 결혼 했어 (시집 갔어)?

 기본 of the 기본 축하 인사

- 생일 축하해! (Поздравля́ю) С днём рожде́ния!

- 새해 복 많이 받으세요. (Поздравля́ю) С Но́вым го́дом!

- 메리 크리스마스! С Рождество́м!

- 축하해(요). (Поздравля́ю) С пра́здником!
  : 모든 명절, 기념일에 공통 사용

결혼식 초대 표현

- 결혼식에 와 (오세요)! Приходи́(-те) к нам на сва́дьбу!

- 당신을 결혼식에 초대합니다. Я приглаша́ю вас на сва́дьбу!

Влюблён.

사랑에 빠졌어.

'사랑에 빠지다, 매혹되다' **Влюби́ться в + 대격** 동사의 형용사 단어미형을 술어로
취한 문장의 형태가 가장 많이 쓰인다. 따라서, **быть влюблёным(-ной) в кого́** 식의 표현이
가장 무난하다.

'(사랑의) 콩깍지가 씌다'는 어떻게 말할까?
푹, 완전히, 홀딱 이라는 의미로 **по́ у́ши**를 써서 **по́ у́ши влюби́ться в кого́** 라고 흔히 알고
있다. 그럴듯한 구어로 느껴지기도 하지만 의외로 사전적이며 사용빈도도 낮다.
따라서 **по́ у́ши** 보다는 **си́льно**를 쓰는 것이 더 자연스럽고 무난하다.

'Be blinded by love 콩깍지가 씌었다 =사랑에 푹 빠지다' 의 대표적인 표현

~에게 미쳐 버리다.	Сойти́ с ума́ по кому́.
~에게 완전히 빠져 버리다.	Втре́скаться в кого́ по́ у́ши.
그는 그녀와 완전 사랑에 빠졌었지.	Он был си́льно влюблён в неё.
나 그녀에게 완전 빠져 버렸어(꽂혔어)	Я на неё запа́л. (속어)
난 그에게 푹 빠졌어. (그를 정말 사랑하고 있어)	Я си́льно влюблена́ в него́.
난 이미 콩깍지 씌었다.	Я - уже́ си́льно влюблён.

И почему́ ты така́я идеа́льная ?

이 빠치무– 띄 따까–야 이제알르–나야?

Кро́ме тебя́, никого́ не ви́жу. Я тебя́ люблю́.

끄로–메 찌뱌–. 니까보– 니 비–쥬. 야 찌뱌– 류블류–.

 А потому́, что мы си́льно влюблены́.

아 빠따무–. 슈또 믹 씰–리너 블류블린늬–.

Я то́же тебя́ люблю́.

야 또–줴 찌뱌– 류블류–.

남   넌 왜 이렇게 이상적이냐? 너 빼곤 아무도 안보여. 알러뷰.

여   우린 **콩깍지 씌어서 그래.** 알라뷰 투.

예문의 단어

• И почему́ 이 빠치무–		그런데 어째서
• Идеа́льная 이제알르–나야	[형용사–여성]	이상적인, 훌륭한
• Никого́ не ви́жу. 니까보– 니 비–쥬		아무도 안 보인다. [원형 **ви́деть** 비제–쯔]
• А потому́, что 아 빠따무– 슈또–		그러니까 그 이유는~, ~ 이기 때문이다
• Со́зданы дру́г для дру́га. 쏘–즈단늬 드룩– 들랴 드루–가		천생연분이다.

106

속이 다 시원한 RUSSIAN USAGE 강의 ③

Жени́сь!

장가 가라!

'결혼' 이라는 단어 중 **бракосочета́ние, сва́дьба, брак** 3가지는 **남성, 여성 모두에게 공통으로 쓸 수 있다.**

남자한테 시집간다 혹은 여자한테 장가간다 하면 참으로 이상한 것처럼 러시아어도 그러하니 성별에 따른 단어를 정리하여 학습해 두자.

결혼, 시집, 장가 관련 단어

남성	장가	Жени́тьба
	~에게 장가가다. (아내를 맞이하다, 남자가 결혼하다)	Жени́ться на ко́м (전치격)
여성	시집	Заму́жество
	시집가다. (신랑을 맞이하다, 여자가 결혼하다)	Вы́йти за́муж за кого́ (대격)
공통	결혼	Бракосочета́ние, сва́дьба, брак

남녀를 한번에 커플로 말할 때, '결혼하다, 결혼식을 올리다'는 장가가다 Жени́ться의 복수형으로만 가능하다.

걔네 결혼했어? Жени́ться의 완료상 пожени́ться 복수 과거형 ⇨ Они́ пожени́лись? .

Ты же всего́ ме́сяц с не́й встреча́лся.

띄 제 프시보- 메-샤쯔 스 녜-이 프스뜨리찰-샤.

И уже́ жени́лся? Ника́к по залёту?

이 우줴- 쥐닐-샤? 니깍- 빠 잘룟-뚜?

 Ты за свои́ми слова́ми следи́!

띄 자 스바이-미 슬라바-미 슬리지-!

У нас нет никако́й причи́ны сомнева́ться в чу́вствах.

우 나-쓰 녯 니까꼬-이 쁘리치-닉 싸므녜밧-쨔 브 추-브스뜨바흐.

남 1 개랑 겨우 한달 만났잖아.

그런데 벌써 **장가를 갔다고?** 속도위반??

남 2 말조심 좀 해라. 우린 흔들릴 이유가 전혀 없거든.

예문의 단어

• Встреча́ться 프스뜨리찻-쨔	[동사 원형]	~와 만나다(사귀다)
• По залёту 빠 잘룟-뚜	[관용구]	(이성간) 속도위반으로
• Следи́ть за свои́ми слова́ми 슬리지-쯔 자 스바이-미 슬라바-미	[관용구]	말 조심하다
• Нет никако́й причи́ны. 녯 니까꼬-이 쁘리치-닉		아무런 이유가 없다.
• Сомнева́ться в чу́вствах 싸므녜밧-쨔 브 추-브스뜨바흐		감정을 의심하다(긴가 민가 하다) [не сомнева́ться 의역 : 의심의 여지가 없다 ⇒ 흔들림이 없다]

연습문제

---

1. 다음 괄호 안을 알맞은 단어들로 채우기

① Поздравля́ю со (　　　　　)!　　　　　　　　　결혼 축하해!

② (　　　　　) у тебя́ про́сто краса́вица!　　　　신부가 눈부시게 아름답다!

③ (　　　　　), пока́ си́льно влюблён.　　　　　콩깍지 씌었을 때 장가 가.

④ Ты же всего ме́сяц с ней (　　　　　).　　　개 랑 겨우 한달 만났잖아.

⑤ Кро́ме тебя́, (　　　　　) не ви́жу.　　　　　내 눈엔 너 만 보여.

2. 다음 단어나 짧은 문장들을 알맞은 것끼리 연결하기

- По залёту　　　　　　　　　　　　　　　　　　～ 이외에

- Встреча́ться с кем　　　　　　　　　　　　～와 만나다(사귀다)

- Кро́ме　　　　　　　　　　　　　　　　　(이성간) 속도위반으로

- Счастли́вчик　　　　　　　　　　　　　　행운아, 행복한 사람

- А потому́, что　　　　　　　　그러니까 그 이유는～. ～ 이기 때문이다.

정답

1. ① сва́дьбой ② Неве́ста ③ Жени́сь ④ встреча́лся ⑤ никого́

2. По залёту (이성간) 속도위반으로 / встреча́лся с кем ～와 만나다(사귀다) / кро́ме ～ 이외에 /
   счастли́вчик 행운아, 행복한 사람 / а потому́, что 그러니까 그 이유는～. ～ 이기 때문이다

오늘의 대화 2

 Куда́ мне́ жени́ться?

꾸다– 므녜– 쥐닛–쨔?

 А где твоя́ краси́вая де́вушка,

아 그졔 뜨바야– 끄라씨–바야 제–부슈까.

которая идеа́льная для все́х мужчи́н?

까또–라야 이졔알르–나야 들랴– 프셰–흐 뭇쉰–?

 Како́й льсте́ц!

까꼬–이 희스쩨–쯔!

Ты же зна́ешь, для меня́ в же́нщине гла́вное –

띠 졔 즈나–예쉬. 들랴 미냐– 브 젠–쉬녜 글라–브노예–

не вне́шность, а душа́.

니 브녜–슈노스찌. 아 두샤–.

 Чу́шь соба́чья. <mark>Ло́пну со сме́ху!</mark>

츄–쉬 싸바–치야. 로–쁘누 싸 스메–후!

Тебе́ то́же ну́жно жени́ться.

찌볘– 또–졔 누–즈너 쥐닛–쨔.

 М-м. Е́сли че́стно, вообще́-то <mark>я с ней порва́л.</mark>

음... 예–슬리 쳬–스너, 바압셰–떠 야 스 녜이 빠르발–.

 <mark>Серьёзно?</mark> Что произошло́?

씨리요–즈너? 슈또 쁘라이자슐로–?

 Пото́м как-нибу́дь расскажу́. И́скренне тебя́ поздравля́ю!

빠똠– 깍–니붓찌 라쓰까주–. 이–쓰끄렌녜예 찌뱌– 빠즈드라블랴–유!

- **Како́й льсте́ц!**
  까꼬-이 리스쩨-쯔
  사탕발림이 심하네! ➯ 아부가 심하군!

- **Льсте́ц**   [명사-남성]
  리스쩻-
  아첨꾼, 아부를 잘 떠는 사람

- **Вне́шность**   [명사-여성]
  브녜-슈노스찌
  외모, 비쥬얼

- **Не А, а В**   [관용구]
  녜 А, 아В
  A가 아니라 B 이다 (=not A, but B)

- **Чу́шь соба́чья**   [관용구]
  츄-쉬 싸바-치야
  맘에도 없는 말, 헛소리, 뻥

- **Е́сли че́стно**
  예-슬리 체-스너
  솔직히 말하면, 사실을 말하자면

- **Порва́ть**   [동사 원형]
  빠르바-쯔
  ~와 (관계가) 깨지다 [c+조격]

남 1   내가 결혼해서 뭐해?

남 2   그나저나 모든 남성들의 이상형, 너의 아름다운 여인은 어디에 계셔?

남 1   사탕 발림은 못 말려 정말!

       너도 알지, 난 여자는 무엇보다 외모보다 마음을 본다는 거.

남 2   뻥치고 있네. **빵 터진다**[4]!

       너도 장가 가야지.

남 1   음~, 솔직히 말하면, 나 사실 **걔랑 깨졌어**[5].

남 2   **정말이야**[6]? 뭔 일이 있었던 거냐?

남 1   이 얘긴 나중에 해줄게. 하여튼 진짜 축하해!

나 사실 걔랑 깨졌어...

정말이야? 진짜 축하해!

속이 다 시원한 RUSSIAN USAGE 강의 ④

Ло́пну со сме́ху!

빵 터진다!

Ло́пнуть는 '터지다, 찢어지다, 폭발하다' 라는 뜻.

부사구 со сме́ху 혹은 от сме́ха는 유의어로 '웃겨서, 웃다가, 웃느라'의 의미이다.

그러므로 '빵 터진다, 웃음이 폭발한다'는 Ло́пнуть со сме́ху (от сме́ха)라 말하면 된다.

대화문에서는 со сме́ху를 썼으나 구어적으로는 от сме́ха가 더 많이 쓰인다는 점도 기억해 두자.

'빵 터질 뻔하다'는 어떻게 말 해야 할까?

'하마터면 ~ 할 뻔하다' 라는 의미의 관용구 чуть не , едва́ не + '완료상 과거형 동사'를 사용하자.

  Я чуть не ло́пнул от сме́ха! (웃음이 터질 뻔 했다!)

= Я едва́ не ло́пнул от сме́ха!

= Я чуть со сме́ху не сдох(-ла)! (속어 : 웃겨서 뒈질 뻔했네!)

*7과 강의 01 참조.

 주의!! 이성 & 연애에 관한 단어

아래 동사들은 사전적 의미만 생각해서 쓰면 절대 안 된다.

특히, 부정적인 뉘앙스가 강한 동사들은 상황에 맞게 신중하게 쓰자.

~와 사귀다 (만나다, 연애 하다)	Встреча́ться с кем
~ 꽁무니를 쫓아 다니다.	Бе́гать за кем
추근대다, 들이대다 (부정적 의미)	Флиртова́ть с кем (부정적 의미)
방탕하게 놀아나다	Загуля́ть (부정적 의미)
~를 배신하다 (바람을 피우다)	Измени́ть кому́ (부정적 의미)

속이 다 시원한 RUSSIAN USAGE 강의 ⑤

Я с ней порва́л.

나 걔랑 깨졌어.

연인과 헤어질 때, 영어에서 흔히 break up이라고 하듯이 연인 혹은 누군가와의
'관계가 어긋나 깨지다' 할 때, '깨지다, 끊다'의 뜻을 지닌 동사 **порва́ть с кем** 으로 표현 한다.

~와 헤어지다 의 대표 동사는 **расста́ться с кем**

그만 만나다 = **прекрати́ть встреча́ться**

모두 구어적으로도 많이 쓴다.

 아주 중요!! Куда́의 구어체에서 쓰임

Куда́ мне́ жени́ться? 내가 결혼해서 뭐해?

꾸다– 므녜– 쥐닛–짜?

직역 : 내가 결혼은 무슨 결혼?

의역 : 내가 결혼해서 뭐해?

куда는 어디로 이외에 구어체에서는 **заче́м?**(무엇 때문에, 뭘 위해?)으로도 쓰인다.
의문사 **куда**(where)가 왜 여기서 나오는지 많이 궁금할 것이다. **куда́**는 '어디로'의 의미로 많이
알고 있지만, 구어체에서는 **заче́м?**(무엇 때문에, 뭘 위해?)으로도 종종 쓰인다.

Почему́ в после́днее вре́мя ты постоя́нно одна́?

빠치무– 브 빠슬례–드녜예 브레–먀 띄 빠스따얀–너 아드나–?

Где́ тво́й ненагля́дный?

그졔– 뜨보–이 니나글랴–드늬?

 Я неда́вно с ним порвала́.

야 니다–브너 스 님 빠르발라–.

여1 너 요새 왜 계속 혼자 다녀? 연인은 어디 가고?

여2 나 걔랑 얼마 전에 **깨졌어.**

예문의
단어

• **Постоя́нно**	[부사]	계속해서, 줄곧
빠스따얀–너		
• **Ненагля́дный**	[명사–남성]	애인 [= Возлю́бленный, люби́мый]
니나글랴–드늬		

114

Серьёзно?

정말 이야?

Серьёзно는 '진지하게, 진실하게, 정말로, 심각하게'의 부사로 형용사는 Серьёзный 이다.
진위 여부의 확인, 의외의 놀라움 표현은 Серьёзно? 라고 간단히 표현할 수 있다.
반대로 심각하지 않다, 진지하지 않다는 несерьёзно.

Нéт, э́то же о́чень серьёзно.	아니요, 이건 정말 심각한 거예요.
Дава́й серьёзно поговори́м.	진지하게 얘기해 보자.

🐦 알아두면 좋은 응용 표현

정말이야?	(Э́то) Прáвда?, серьёзно?, да лáдно?
진짜야?	Прáвильно?
확실하지? 맞지?	Вéрно?
정확하니?	То́чно?

Я ко́е-что хоте́л тебе́ сказа́ть.

야 꼬예–슈또 하쩰– 찌볘– 스까자–쯔

Я счита́ю тебя́ свои́м наста́вником.

야 쉬따–유 찌뱌– 스바임– 나스따–브니꼼.

 Ты серьёзно?

띄 씨리요–즈너?

С чего́ вдру́г? Мне о́чень хо́чется зна́ть.

스 치보– 브드룩–? 므녜– 오–친 호–쳇쨔 즈나–쯔

남 1   너 한테 할말이 있어. 난 네가 나의 멘토라고 생각해.

남 2   **정말이야?** 갑자기 무슨? 진짜 궁금해지네.

예문의 단어

• Счита́ю 쉬따–유	[동사–1인칭 현재형]	생각하다 [원형 счита́ть 쉬따–쯔]
• Наста́вник 나스따–브닉	[명사–남성]	멘토 (=ме́нтор)
• С чего́ вдру́г? 스 치보– 브드룩–?	[관용구]	갑자기 왜 그래? , 갑자기 뭔 일 이야?

연습문제

---

1. 다음 괄호 안을 알맞은 단어들로 채우기

   ① (　　　　) со́ смеху.　　　　　　　　　　　　　　　　빵 터질 뻔 하다.

   ② Я с ней (　　　　).　　　　　　　　　　　　　　나 사실 여친이랑 깨졌어.

   ③ И́скренне тебя́ (　　　　　).　　　　　　　　　　진심으로 축하해.

   ④ Я счита́ю тебя́ свои́м (　　　　　).　　　　　　너는 나의 멘토야.

2. 다음 단어나 짧은 문장들을 알맞은 것끼리 연결하기

   • Гла́вное　　　　　　　　　　　　　　　맘에도 없는 말, 헛소리

   • Чу́шь соба́чья　　　　　　　　　　　　외모, 비쥬얼

   • Вне́шность　　　　　　　　　　　　　중요한 점, 중요한 것

정답

1. ① Ло́пнуть ② порва́л ③ поздравля́ю ④ наста́вником
2. гла́вное 중요한 점 / чу́шь соба́чья 뻥, 맘에도 없는 말, 헛소리 / вне́шность 외모, 비쥬얼

와우, 이게 누구야!
Ба, каки́е лю́ди!

오늘의 목표

1. 자주 쓰지만 애매한 표현 구분

지인을 예기치 않게 조우 할 때, 놀라움과 반가움을 동시에 표현하는 **'이게 누구 야!'** 라는 관용구를 심층 학습하자.

2. 일상 구어체 관용구 연습

오랜만에 만난 지인들과의 대화에서 사용하는 **'세상 참 좁다, 하나도 안 변했네, 연락 좀 하고 지내자'** 등의 자주 쓰는 표현을 배워 사용하자.

이번 강의의 주요 표현

감당이 안 된다.	세상 참 좁다.	이게 누구야.
내 말이 말이다.	세월 진짜 빠르다.	진정한 바람둥이야.
럭셔리 하네.	어머 얘는 말도 안돼!	하나도 안 변했어.
몸매 환상이다.	연락 좀 하고 지내자.	

오늘의 대화 1

 Ба, каки́е лю́ди! Как те́сен мир!

바-, 까끼-예 류-지! 깍 쩨-쎈 미-르!

Шика́рно вы́глядишь.

쉬까-르너 븨-글랴지시.

 Да бро́сь ты! Я сейча́с немно́го не в фо́рме.

다 브로-시 띄! 야 씨차-쓰 니므노-거 니 브 포-르몌.

 Ты ниско́лько не измени́лась.

띄 니스꼴-꺼 니 이즈미닐-라시.

Фигу́ра така́я же, как и пре́жде, вообще́ ого́нь!

피구-라 따까-야 줴, 깍 이 쁘례-즈졔, 바압셰- 아곤-!

 Нет, ну и что́ ты! Я сейча́с не рабо́таю,

녯-, 누 이 슈또- 띄-! 야 씨차-쓰 니 라보-따유,

всё вре́мя сижу́ до́ма.

프쑈- 브례-먀 씨쥬- 도-마.

여 1   와우! **이게 누구야!** [1] 세상 참 좁다! [2]

럭셔리 해 보이네.

여 2   어머 얘는 무슨 소리! 나 지금은 몸매가 엉망이야.

여 1   **너 하나도 안 변했어.** [3]

몸매는 예전하고 똑 같은 걸, **환상이다 야!** [4]

여 2   어머 얘는 무슨 소리! 나 지금은 일 안하고, 그냥 집에 있어.

- **Вы́глядишь**
  빅–글랴지시[동사–2인칭 현재형]

  ~하게 보인다
  [원형 **вы́гляде́ть** 빅–글랴제쯔]

- **Шика́рно**
  쉬까–르녀[부사]

  고급스럽게, 세련되게

- **Ниско́лько**
  니스꼴–꺼[부사]

  전혀, 조금도
  (=**ничу́ть, ничуто́чки**)

- **Фигу́ра**
  피구–라[명사–여성]

  모양, 형태, 몸매

- **Да бро́сь ты!**
  다 브로–시 띄

  말도 안돼, 농담하지 마,
  come off it.(의구심 표현) [관용구]

- **Бы́ть не в фо́рме**
  빅–쯔 니 브 포–르몌

  몸매가 엉망이다 (망가지다) [관용구]

- **Всё (вре́мя)**
  프쑈(브례–먀) [부사]

  항상, 늘

- **Сиде́ть до́ма**
  씨제–쯔 도–마

  집에 있다 [관용구]

너 하나도 안 변했어~

어어 얘는 무슨 소리!

속이 다 시원한 *RUSSIAN USAGE* 강의 ①

Ба, каки́е лю́ди!

와우, 이게 누구야!

영어의 Look who's here!, long time no see!에 해당하는 표현으로 뜻밖의 장소에서 지인을 조우하는 경우에 상당히 다양하게 쓸 수 있다.

Look who's here! 아니 이게 누구야!

친분의 정도를 판단하여 쓰는 것이 좋다.

친분이 두터운 사이에 (비격식)	어머 이렇게 만나다니!	Кака́я встре́ча!
	너무 반가워요!	Кака́я прия́тная встре́ча!
	내가 누굴 본거야 ⇨ 아니 이게 누구야!	Кого́ я ви́жу!
	누가 왔는지 좀 봐! ⇨ 아니 이게 누구야!	Смотри́, кто пришёл!
친분의 정도와 상관없이 보편적으로	오랜만입니다. 오랜만이야! (long time no see)	Давно́ не ви́делись!
	너 오랜만이다!	Давно́ тебя́ не ви́дел(-а)!
기타 일반적	널 만날 줄은 생각도 못했어.	Не ду́мал(-а) тебя́ встреча́ть.
	널 만날 줄은 상상도 못 했어. (예상 못 했어.)	Я про́сто не ожида́л(а) тебя́ встре́тить.
(구어체) 정말 오랜만이야!	여름 겨울이 몇번 이나 지났을까!	Ско́лько ле́т, ско́лько зи́м!
	백 년은 못 봤을 거야!	Сто́ лет тебя́ не ви́дел(-а)!
	천 년은 못 봤을 거야!	Ты́сячу лет тебя́ не ви́дел(-а)!
주의 사항	* 반드시 친한 사이에만 쓴다 Кого́ я ви́жу! Кака́я (прия́тная) встре́ча! Кто́ э́то тут? Смотри́те, кто пришёл! Кого́ мы ви́дим! Как ты сюда́ попа́л(-а)! Как ты здесь оказа́лся(-лась)!	* 일반적으로 모두에게 쓴다. Давно́ не ви́делись! Давно́ тебя́ не ви́дел(-а)! Ско́лько ле́т, Ско́лько зи́м. Сто́ лет тебя́ не ви́дел(-а). Ты́сячу лет тебя́ не ви́дел(-а).

Ба, каки́е лю́ди!

바-, 까끼-예 류-지!

Я слы́шал, что ты уе́хала на учёбу в Росси́ю.

야 슬리-샬, 슈또 띄 우예-할라 나 우쵸-부 브 라씨-유.

Как бы́стро бежи́т вре́мя!

깍 비-스뜨러 베짓- 브례-먀!

 И не говори́. Соверше́нно ве́рно!

이 니 가바리-. 싸볘르셴-너 볘-르너.

남   **와우, 이게 누구 야!**

러시아 유학 갔다고 들었어. 세월 진짜 빠르네!

여   내 말이 말이다. 진짜 그래!

예문의 단어

- **Уе́хать на учёбу**
  우예-하쯔 나 우쵸-부

  유학(공부하러) 가다

- **Как бы́стро бежи́т вре́мя!**   [관용구]
  깍 비-스뜨러 비짓- 브례-먀!

  세월 참 빠르다!

- **И не говори́.**   [관용구]
  이 니 가바리-

  말해 뭐하니, 내 말이 말이다. (격한 공감)

Как тéсен мир!

세상 참 좁다!

영어의 'What a small world!', ' It's a small world!' 와 잘 맞아 떨어지는 문장으로
뻔한 듯 한 관용구 이지만 의외로 실제 회화에서 감초처럼 사용된다.
단독으로 사용되거나 소사나 부사 등과 같이 쓰기도 한다.

아래 예를 잘 살펴보자.

Как тéсен мир. = Мир тéсен.

Как 빼고 간단히 Мир тéсен 이라 해도 무방하다.

Ну что, мир тéсен, да?	그니까, 세상 좁다. 그 치?
Мир тéсен, не так ли?	세상 참 좁다, 그렇지 않나?
Что ж, мир тéсен.	아이고 참, 세상 좁다.
Прóсто удиви́тельно, как тéсен мир.	세상 참 좁다, 놀라울 따름이야.

Как те́сен мир! Э́то, пра́вда, удиви́тельно.

깍 쩨–센 미르! 에–떠, 쁘라–브다, 우지비–쩰너.

Ты ниско́лько не измени́лась.

띠 니스꼴–꺼 니 이즈미닐–라시.

 А у тебя́ как дела́?

아 우 찌뱌– 깍– 질라–?

Хорошо́ по́мню, как ты ка́ждый день напива́лась без па́мяти.

하라쇼–, 뽐–유, 깍 띠 까–즈듸 젠 나삐발–라시 비스 빠–먀찌.

Упс, со́рри!

웁–쓰, 쏘–리!

여 1   **세상 참 좁다.** 정말 놀랬네. 너 하나도 안 변했다.

여 2   잘 지내? 너 맨날 필름 끊기고 했던 거 완전 기억나네.

　　　웁스, 쏘리!

예문의 단어

• Удиви́тельно 우지비–쩰르너	[부사]	놀라운, 대단히
• Упс 웁쓰	[감탄사]	웁스(oops!)
• Со́рри 쏘리		Sorry
• Напива́ться без па́мяти 나삐밧–쨔 비스 빠–먀찌	[관용구]	인사불성이 되도록 술마시다, 필름이 끊기다.

Ты ниско́лько не измени́лась.

넌 하나도 안 변했네.

영어 You have not changed a bit. '정말 하나도 안 변했어요'는 러시아인들도 상당히 즐기는 표현 중 하나이다.

'전혀, 조금도'에 해당되는 부사 **ниско́лько**는 **ничу́ть, совсе́м** 등과 바꾸어 써도 좋다.
구어적으로는 **ничуто́чки** 라는 부사도 많이 쓴다.

길어서 참 번거롭게 느껴진다면 그냥 간단히
'넌 그대로네, 여전하다.' **Ты така́я же.**(여성에게), **Ты тако́й же.**(남성에게) 라고 해도 좋다.

Вообще́ ого́нь!

환상이다 야! (죽인다~!)

몸매가 늘씬하여 흔히 말하는 '잘 빠졌다'라는 속어는 **불**(fire)이란 단어 **ого́нь** 을 쓸 수 있다.

Вообще́ ого́нь, зашиби́сь

'관심을 한눈에 사로잡는 멋진 모든 것'에 술어처럼 사용하는 말이다.
영어의 'awesome'에 해당되는 '죽인다 정말, 끝내 준다'란 뜻의 속어이다.
Зашиби́сь = Вообще́ ого́нь!

젊은 층에서 아주 친한 사이에

몸매 진짜 죽인다! = Фигу́ра ого́нь!, вообще́ ого́нь! 을 많이 쓴다.

멋진 몸매 = кла́ссная (хоро́шая) фигу́ра = фигу́ра зашиби́сь (속어)

차 죽인다 야 정말! = Та́чка вообще́ ого́нь! (속어)

예문의 단어

• **Кла́ссный** 끌라―쓰늬	[형용사-남성]	멋진, 최상급의, 최고의
• **Та́чка** 따―츠까	[명사-여성] (속어)	자동차

[STEP 6 - PART 1]
연습문제

1. 다음 괄호 안을 알맞은 단어들로 채우기

① Как ( ) мир!　　　　　　　　　　　　　세상 참 좁다!

② Я сейча́с не ( ).　　　　　　　　　나 지금은 일 안 해.

③ Как ( ) бежи́т вре́мя!　　　　　세월 참 빠르다!

④ А у тебя́ ( ) дела́?　　　　　　그런데 넌 어떻게 지내?

⑤ Тебе́ не ( ).　　　　　　　　　너한테 안 어울려.

2. 다음 단어나 짧은 문장들을 알맞은 것끼리 연결하기

• Не в фо́рме　　　　　　　　　　　　　말도 안돼, 농담하지 마!

• Вообще́ ого́нь!　　　　　　　　　　유학(공부하러) 가다

• Как и пре́жде　　　　　　　　　　　몸매가 엉망이다.

• Уе́хать на учёбу　　　　　　　　　끝내준다!, 멋지다!

• Да бро́сь ты!　　　　　　　　　　　예전처럼

정답

1. ① те́сен ② рабо́таю ③ бы́стро ④ как ⑤ идёт
2. Не в фо́рме 몸매가 엉망이다. / вообще́ ого́нь! 끝내 준다!. 멋지다! / как и пре́жде 예전처럼 /
   уе́хать на учёбу 유학 (공부하러) 가다 / да бро́сь ты! 말도 안돼, 농담하지 마!

오늘의 대화 2

 Как твой де́ти?

깍 뜨바이– 제–찌?

 У него́ перехо́дный во́зраст.

우 니보– 뻬리호–드늬 보–즈라스뜨.

Мне ка́жется, он отби́лся от рук.

므녜–. 까–젯쨔, 온 앗뜨빌–샤 아뜨 룩.

 Де́ти вообще́ не слу́шаются роди́телей.

제–찌 바압세– 니 슬루–샤윳쨔 라지–쩰레이.

 Ну, и я о то́м же. Была́ ра́да с тобо́й встре́титься.

누–. 이 야 아 똠– 줴. 빌–라 라–다 스 따보–이 브스뜨례–찟쨔.

 Ла́дно, у меня́ дела́. Будь на свя́зи, созвони́мся!

라–드너. 우 미냐– 질라–. 붓–찌 나 스바–지. 싸즈반님–샤!

여 1 **애들은 잘 지내?** [5]

여 2 그 놈이 질풍노도의 시기란다. **감당이 안 돼.** [6]

여 1 애들이 부모말을 잘 안 듣긴 하지.

여 2 **내 말이 말이다.** [7] 만나서 정말 반가웠어.

여 1 그래 그럼, 난 일이 있어서. **앞으로 연락 하며 지내,** [8] 연락하자!

- **Поча́ще**
  빠차―셰 [부사]

  좀 더 자주

- **Перехо́дный во́зраст**
  뻬리호―드늬 보―즈라스뜨

  사춘기, 질풍노도의 시기(=перехо́дный пери́од 뻬리호―드늬 뻬리옷)

- **Слу́шать**
  슬루―샤쯔 [동사 원형]

  ~의 말을 잘 듣다(따르다) [+여격]

- **У меня́ дела́.**
  우 미냐― 질라―

  나는 할 일이 있어. (용무가 있어)

- **Свя́зи**
  스뱌―지 [명사―복수]

  연락, 관계, 커넥션 [여성 связь 의 복수형]

- **Будь на свя́зи.**
  붓―찌 나 스뱌―지 [관용구]

  계속 연락해, 연락하며 지내.

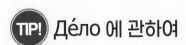 **Де́ло 에 관하여**

Де́ло는 일, 업무, 행동, 활동 등의 의미를 지닌 명사로 회화에서 엄청난 활약을 한다.
자주 사용하는 관용구와 문장들을 정리해서 익히면 생활에서 편리하다.

У меня́ дела́.	난 일이 있어서. 난 용무가 있어.
Де́ло в том, что ~	문제는 ~ 라는 데 있다. 바로 ~이 문제이다.
В чём де́ло?	뭐가 문제인가요? 어떻게 된 거죠? 무슨 일인가요?
Э́то не твоё де́ло.	이건 네 일이 아니잖아. 즉, 남이사.
Э́то совсе́м друго́е де́ло.	이건 전혀 다른 문제 입니다. 이건 완전 별개의 일이에요.

Как твой де́ти?

애들은 잘 지내? (어떻게 지내?)

러시아어에서 안부를 묻는 표현들은 정말 궁금해서 라기 보다 상투적인 것들이 많다. 안부를 묻는 말은 대체로 형식적이고 말끝에 반사적으로 말하는 표현이라 할 수 있다.

Как (у кого́ иду́т) дела́? 는 친분이 있는 사이에 가장 많이 사용되는 말로, 형식적으로 안부를 묻는 가장 널리 일반적으로 사용 되는 표현이다.

애들은 어때? 는 아래처럼 다양하게 표현할 수도 있다:
**А твой де́ти как? / Как твой де́ти ? Хорошо́ пожива́ют? /
А у твои́х дете́й как дела́?**

아주 조금은 더 예를 갖춰 구체적으로 안부를 묻는 다소의 미미한 어감상의 차이가 있다.
- **Как (он, она) пожива́ет?, Как вы пожива́ете?, Как ты пожива́ешь?**
일반적인 인사로 기타 건강 중심의 안부 인사이다.
- **Как здоро́вье?**

 알아두면 좋은 응용 표현

안부 인사에 대한 대답

별문제 없어, 괜찮아.	Норма́льно, всё в поря́дке, ничего́.
좋아.	Хорошо́, прекра́сно.
그럭저럭 지내.	Так себе́.
나쁘지 않아.	Непло́хо.

Он отби́лся от рук.

그는 감당이 안 돼.

Отби́лся는 '~에서 떨어져 나가다, **от рук**는 손에서' 라는 의미로
'손에서 벗어나다 ⇨ 통제 혹은 감당이 안된다, 말을 듣지 않는다'라는 뜻이 되어 구어적으로
흔히 사용된다.

특히, 고삐 풀린 망아지처럼 행동하는 아이들이나, 제멋대로 일 하는 사람에게 흔히 사용한다.
До́чка от рук отби́лась. 딸이 감당이 안 된다. (딸이 제멋대로 야.)
이처럼, 부사 **совсем**(완전히)을 넣어 **совсе́м отби́лась** 라고 하면 도저히 감당할 수 없을
정도로 통제가 안되는 상황을 잘 전달 할 수 있다.

'통제에서 벗어나다, 감당이 안 된다'라는 의미로 사용빈도가 높은 유사 관용구로
выходи́ть из-по́д контро́ля 가 있다.
영어의 get out of control로 이 표현은 어른이건 아이 건 제멋대로인 사람에게도 많이 쓰지만,
통제불능의 상황 등을 묘사하는 시사용어로도 유용한 표현이다.
Эконо́мика выхо́дит из-по́д контро́ля. 경제가 통제불능 상태이다.

Как ни крути́, но лу́чше расста́ться с Са́шей.

깍 니 끄루찌ㅡ, 노 룻ㅡ셰 라쓰땃ㅡ쨔 스 싸ㅡ셰이.

Он настоя́щий ба́бник.

온 나스따야ㅡ쉬이 바ㅡ브닉.

 Зна́чит, он тебе́ не па́ра.

즈나ㅡ칫, 온 찌볘ㅡ 녜 빠ㅡ라.

Е́сли па́рень совсе́м отби́лся от рук, то ну́жно расста́ться.

예ㅡ슬리 빠ㅡ롄 싸프쎔ㅡ 앗뜨빌ㅡ샤 아뜨 룩., 또 누ㅡ즈너 라쓰땃ㅡ쨔.

여 1   아무튼 샤샤와 헤어지는 것이 더 좋겠어.

  걔는 진짜 선수라고.

여 2   그니까 걔는 네 짝이 아닌 거야.

  만일 남자가 **감당이 잘 안된다~**, 그렇다면 헤어져야 해.

예문의 단어

• **Как ни крути́** 깍 니 끄루찌ㅡ	[관용구]	어쨌든, 하여튼 (=в любо́м слу́чае)
• **Расста́ться** 라스땃ㅡ쨔	[동사 원형]	~와 헤어지다 [~ c + 조격]
• **Настоя́щий** 나스따야ㅡ쉬이	[형용사–남성]	진정한, 진짜~
• **Ба́бник** 바ㅡ브닉	[명사–남성]	바람둥이, 호색한
• **Па́ра** 빠ㅡ라	[명사–여성]	한 짝, 커플
• **Па́рень** 빠ㅡ롄	[명사–남성]	청년, 젊은이
• **Е́сли ~, то ~** 예슬리~, 또~		만일 ~라면, ~ 하다(if ~, then~)

속이 다 시원한 RUSSIAN USAGE 강의 ⑦

Ну, и я о то́м же.

내 말이 말이다.

영어의 You can say that again!의 의미로 상대방의 말에 전적으로 공감하고 적극적으로 동의 할 때 쓰는 말이다.

상대방의 말에 동의를 표현하는 '내 말이 말이다, 나도 그렇게 생각해, 정말 100퍼 공감한다' 등의 표현들은 러시아인들과 대화할 때도 매우 요긴하다.

내 말이 ~ !	Вот и я о то́м же = Ну, и я о то́м же!
바로 그거야.	Вот и́менно.
말해 뭐해, 말할 것도 없어.	И не говори́.

Будь на свя́зи!

연락하면서 지내!

인연을 지키고 싶을 때 하는 말이다.

영어의 Let's keep in touch. '연락하면서 지내자' = **Дава́й бы́ть на свя́зи.** 라고 길게도 가능하지만,

Созвони́мся! 연락하자! 라고 간단히 써도 좋다.

대답은 구어적으로

그래(오케이), 이젠 연락 좀 하고 지내자! = **Да(Оке́й), тепе́рь бу́дем на свя́зи!** 라고 다소 길게 말하여도 자연스럽다

명사 **свя́зь** 는 연결, 연계, 관련, 관계, 인맥, 문맥 등을 의미하며, 통신이라는 의미도 있다.

Ты, Ирина? Ирина, ве́рно?

띄, 이리나? 이리나, 베–르너?

Каки́ми судьба́ми!

까끼–미 수지바–미?

О́чень ра́да тебя́ ви́деть.

오–친 라–다 찌뱌– 비–졔쯔.

Скажи́ свой но́мер телефо́на.

스까쥐– 스보–이 노–메르 쩰례폰–아.

Оке́й, тепе́рь бу́дем на свя́зи.

오꼐이, 찌뻬–리 부–짐 나 스뱌–지.

여 1   너 이리나니? 이리나 맞지? 세상에 이게 웬일이야!

여 2   너무 너무 반갑다. 전화번호 좀 알려줘.

　　　 그래, **이젠 연락 좀 하고 지내자.**

예문의 단어

• **Ве́рно** 베–르너	[부사]	정확히, 확실히, 올바르게
• **Но́мер телефо́на** 노–메르 쩰례폰–아		전화번호
• **Каки́ми судьба́ми.** 까끼–미 수지바–미	[관용구]	이게 무슨 운명이람. (조우 시) 이게 웬일이야?!

[STEP 6 - PART2]
연습문제

---

1. 다음 괄호 안을 알맞은 단어들로 채우기

   ① Ну, и я о тóм (   ).   내 말이 말이다.

   ② Будь на (   )!   연락 하면서 지내자!

   ③ Он отбѝлся от (   ).   그 사람은 감당이 안돼.

2. 다음 단어나 짧은 문장들을 알맞은 것끼리 연결하기

   · Настоя́щий   너 만나서 정말 반가웠어.

   · Свя́зи   만일 ～라면, ～ 하다(if ～, then～)

   · Если ～, то ～   아무튼, 하여튼, in any case

   · Бы́ла ра́да с тобо́й встре́титься.   연락, 관계, 커넥션

   · Как ни крути́   진짜～, 진실한～, 현재～

정답

1. ① же ② свя́зи ③ рук

2. Настоя́щий 진짜～, 진실한～, 현재～ / свя́зи 연락, 관계, 커넥션 / если ～, то ～만일 ～라면, ～ 하다(if ～, then～) /
   каки́ми судьба́ми 이게 웬일이야?! / как ни крути́ 아무튼, 하여튼, in any case

오버 하지 마!
Не перегибáй пáлку!

오늘의 목표

1. **자주 쓰지만 애매한 표현 구분**

   종류가 많아 정확한 구분이 쉽지 않은 생활밀착형 국민 욕설들의 강도를 구분하여 파악해 보자.

2. **일상 구어체 관용구 연습**

   '오버 하다. 과한 행동을 하다'의 Преувели́чивать, перегибáть пáлку, переборщи́ть 구어체 동사들을
   배워보자.

3. **회화에 잘 사용되는 관용구 연습**

   I doi't care를 생생히 잘 전달해주는 관용구 **Всё равнó** (마찬가지야. 상관없어)의
   구어체 관용구 **по барабáну, пóфиг, фиолéтово** 등을 재미있게 배워 보자.'

이번 강의의 주요 표현

간이 부었냐?	적당히 해라.	일부러 그런 건 아니야.
너나 잘하세요!	여기 저기 쑤셔 댄다.	죽을 뻔 했잖아.
번데기 앞에서 주름잡지 마!	오버 하지 마!	지겨워 미쳐.

Тебя́ кто вообще́ учи́л води́ть?

찌뱌– 크또 바압셰– 우칠– 바지–쯔?

Мы чуть не поги́бли! Ты совсе́м стра́х потеря́ла?

믜 추찌 니 빠기–블리! 띄 싸브쎔– 스뜨라–흐 빠찌럄–라?

 Я не винова́та! Э́то о́н меня́ подре́зал!

야 니 비너바–따! 에–떠 온 미냐 빠드례–잘!

 По сторона́м на́до лу́чше бы́ло смотре́ть!

뻐 쓰떠러남– 나–더 룻–셰 빌–로 스마뜨례–찟!

 Я́йца ку́рицу не у́чат! Посмотри́ на себя́!

야–이짜 꾸–리쭈 니 우–챳! 빠스마뜨리– 나 씨뱌–!

 Опя́ть ты начина́ешь? Надое́ло до у́жаса.

아빠–찌 띄 나치나–이쉬 나다옐–러 다 우–쟈싸.

남   넌 대체 운전을 누구한테 배웠냐?

죽을 뻔 했잖아.[1] **간땡이가 부었냐?**[2]

여   **내 잘못 아니거든!**[3] 쟤가 막 끼어들었다고!

남   사방을 좀 잘 살폈어야지!

여   **번데기 앞에서 주름잡지 마!**[4] **너나 잘하세요!**[5]

남   또 시작 하는 거야? **지겹다 정말.**[6]

- **Учи́л**
  우칠– [동사–남성 과거형]

  ~가르치다
  [원형 учи́ть 우치–쯔]

- **Поги́бли**
  빠기–블리 [동사–과거형]

  죽다 [원형 поги́бнуть 빠기–브누쯔]

- **Стра́х**
  스뜨라–흐 [명사–남성]

  겁, 공포

- **Смотре́ть по сторона́м**
  스마뜨례–쯔 뻐 쓰떠러남–

  사방을 살피다, 주위를 살피다

알아두면 좋은 응용 표현

얌체 운전 관련 표현 2가지

끼어들기 하다	подре́зать
(위험한) 난폭 운전을 하다.	игра́ть в ша́шки на доро́ге

속이 다 시원한 RUSSIAN USAGE 강의 ①

Мы чуть не поги́бли!

죽을 뻔 했잖아!

'거의 ~할 뻔 하다' 혹은 '하마터면 ~할 뻔 하다'를 살펴 보자.

공식 : **Чуть не** + 과거형 동사

잊을 뻔 했네.   Я чуть не забы́ла.

죽을 뻔 했네.   Я чуть не поги́бла.

주의할 점은 부정소사 не(not) 로 인하여 부정문으로 오해하기 쉽지만 부정의 의미는 전혀 없다.
유사 표현으로는 **едва́ не, почти́** 가 있다.

 알아두면 좋은 응용 표현

부사 Чуть

▶ **Чуть**는 부사로 약간, 조금만, 간신히 란 뜻이다.
구어체에서는 **Чуть**를 두 번 반복하여 아주 조금 만이란 부사 **чуть-чуть** 도 상당히 많이 쓴다.

Подожди́ ещё чуть-чуть!	좀만 기다려 주라!
Да́йте ещё чуть-чуть бо́льше!	아주 조금만 더 주세요!

속이 다 시원한 RUSSIAN USAGE 강의 ②

Ты совсе́м стра́х потеря́ла?

간땡이가 부었냐?, 이젠 무서운 게 없니?

직역 '너 겁을 완전히 잃어 버렸니?' ⇨ 의역 '아주 무서운 게 없구나' 가 된다.

그런데 이 구문은 단순히 겁이 없다기 보다는 **예전에는 그렇지 않더니 제법 과감해졌다** 는 뉘앙스가 있다. 즉, 예전 같으면 하지도 않았을 과감한 행동이나 말을 할 때 사용하면 좋다.

겁에 관한 단어들	
겁	Стра́х, боя́знь, тру́сость
겁주다, 놀라게 하다.	Пуга́ть, вспу́гивать
겁을 내다, 무서워 하다	Боя́ться, испуга́ться + 생격

 무서울 때 표현

무서워서 온몸에 소름이 돋을 때는 이렇게 표현.

나는 온몸에 소름이 돋았어.

У меня́ мура́шки бегу́т по всему́ те́лу.

У меня́ мура́шки пошли́ по всему́ те́лу.

Я ни в чём не виновáта!

난 아무 잘못 없어!

'잘못 없어, 책임 없어'는 간단히 단어미 **형용사형 виновáт(-a)**을 술어로 쓴다.

네 잘못이야.　　⇨　Ты виновáт.

명사형을 활용하는 것도 심플하니 좋다.

이것은 내 잘못이야.　⇨　Э́то моя́ винá.

구어적으로는 기둥, (짐승 따위의) 떼, 무리, 실수, 잘못 이라는 의미를 지닌 명사 кося́к을 써서 Э́то мóй кося́к! 이라고도 한다.

죄송해요, 제 잘못이예요.　　　　Извини́те, э́то мóй кося́к.

그래 알았다. 내 책임이야.　　　　Лáдно, э́то мóй кося́к.

그러니까 내가 뭘 잘못했다는 거야?　Вóт в чём мóй кося́к?

Вот гад! Ты настоящий бабник!

봇– 가–트! 띄 나스따야–쉬이 바–브닉!

Какой ты двуличный!

까꼬–이 띄 드불리–츠늬!

 Я ни в чём не виноват!

야 니 브 촘 니 비너밧–!

Я не такой, как ты думаешь. Давай поговорим!

야 니 따꼬–이, 깍 띄 두–마예쉬. 다바–이 빠가바림–!

여   나쁜 놈! 넌 진정한 바람둥이야! 위선자야~~!

남   **나는 아무 잘못 없어!** 난 네가 생각하는 그런 놈 아니라고.

　　얘기 좀 하자!

예문의 단어

• Гад 가–트	[명사–남성]	비열한 놈,나쁜 놈 [비속어]
• Бабник 바–브닉	[명사–남성]	바람둥이, 카사노바, 호색한
• Двуличный 드불리–츠늬	[형용사–남성]	뻔뻔한, 파렴치한, 위선적인

속이 다 시원한 RUSSIAN USAGE 강의 ④

Я́йца ку́рицу не у́чат!

번데기 앞에서 주름잡지 마! (Don't teach your grandmother to suck eggs!)

'공자 앞에서 문자 쓴다, 번데기 앞에서 주름 잡는다' 의 뉘앙스를 참으로 잘 살려주는 관용구다.

Я́йца ку́рицу не у́чат.

직역 : 달걀이 닭을 가르칠 수는 없는 법.

의역 : 번데기 앞에서 주름잡지 마!, 누가 누굴 가르치는 거야?, 감히 누구를 가르치려 들어?

아래 문장들은 모두 '번데기 앞에서 주름잡지 마!'의 뉘앙스 전달이 가능한 표현이다.

나에게 사는 법을 가르치려 하지마!	Не учи́ меня́ жить!
꼬리가 감히 머리에게 이래라 저래라 할 수 없다.	Хвост голове́ не указ(ка).
물고기한테 수영을 가르치려 하지마!	Не учи́ ры́бу пла́вать!
학자를 가르치려 하지 마!	Не учи́ учёного!

Посмотри́ на себя́!

너나 잘하세요! (Mind your own business!)

영어 It's none of your business, Mind your own business 와 딱 맞아 떨어지는 표현이다.
즉, '너나 잘하세요! , 남이사!, 참견하지 말아라!' 라는 뉘앙스 전달에 좋다.

'너나 잘하세요!' 역시 재미있게 표현할 수 있는 문장들이 많다.
아래 표 안의 문장들은 모두 **Посмотри́ на себя́!** 와 유사한 표현들이다.

너나 잘하세요~. 네 할 일이나 해. 남이사~. 참견 하지 마.	이건 네 일이 아니야 ⇨ 참견 마!	Э́то не твоё де́ло.
	자기 일 아니면 나대지 마! ⇨ 남 일에 끼어들지 마.	Не ле́зь не в своё де́ло.
	네 관리나 잘 해.	За собо́й следи́.
	너한테 물을 걸 깜빡 했네! (비꼬는 말투로)	Тебя́ забы́л(-a) спроси́ть!

Надое́ло до у́жаса.

지겨워서 미치겠다.

'**한 애기 또 하고 또 하고**', '**듣기 싫은 애기만 콕콕 집어 계속 반복**' 하며 속을 뒤집을 때,
일침 가하기 좋은 표현이다.

지겨워 미쳐 I got sick of it! 표현

지겹다, 싫증난다.	Мне надое́ло.
지겨워 미치겠네.	Надое́ло до у́жаса.
난 이거에 완전 지쳐 버렸어.	Я уста́л(-а) по го́рло от э́того.
난 완전 질렸어.(충분하다 충분해.)	С меня́ хва́тит.
난 이 문제(일, 이런 것)에 이미 질려 버렸어.	Меня́ э́то уже́ доста́ло.

[참고]
질렸어, 지겨워 라는 말 조차도 하기 싫고 한 단어로 몰아 부치고 싶다면,
닥쳐!, Shut up!에 해당하는 **Заткни́сь!** 라고 하면 좀 조용해 질것이다.

연습문제

---

1. 다음 괄호 안을 알맞은 단어들로 채우기

① Мы чуть (　　　　) поги́бли.　　　　　　　　　　죽을 뻔 했어.

② Ты настоя́щий (　　　　)!　　　　　　　　　넌 진정한 바람둥이야!

③ (　　　　) ку́рицу не у́чат!　　　　　번데기 앞에서 주름잡지 마!

④ (　　　　) ты начина́ешь?　　　　　　　또 시작하는 거야?

⑤ Я ни (　　　　) чём не винова́т!　　　　　난 아무 잘못 없어!

2. 다음 단어나 짧은 문장들을 알맞은 것끼리 연결하기

- Како́й ты двули́чный!　　　　　　　　　너나 잘하세요!

- За собо́й следи́!　　　　　　　　　　내 잘못이야.

- Ты совсе́м стра́х потеря́ла?　　　　　참 뻔뻔하구나!

- Смотре́ть по сторона́м　　　　　　　사방을 살피다

- Э́то мо́й кося́к.　　　　　　　　간땡이가 부었나?

> **정답**

1. ① не ② ба́бник ③ Я́йца ④ Опя́ть ⑤ в

2. Како́й ты двули́чный! 참 뻔뻔하구나! / За собо́й следи́! 너나 잘하세요! / ты совсе́м стра́х потеря́ла?
간땡이가 부었나? / Смотре́ть по сторона́м 사방을 살피다 / Э́то мо́й кося́к. 내 잘못이야.

오늘의 대화 2

 Негодя́й ты, **настоя́щий негодя́й.**

니가쟈-이 띠, 나스따야-쉬이 니가쟈-이.

И вообще́ ка́ждый день на меня́ се́рдишься.

이 바압셰- 까-즈드이 젠 나 미냐- 셰-르지쉬샤.

А заче́м ты сего́дня покупа́л мне пода́рок?

아 쳬쳄- 띠 씨보-드냐 빠꾸빨- 므녜 빠다-록?

Вы́брошу все твои́ пода́рки!

비-브로슈 브셰 뜨바이- 빠다-르끼!

 Не перегиба́й па́лку! Оке́й! Оке́й! Я винова́т.

니 뻬리기바이- 빨-꾸! 오께이! 오께이! 야 비너밧-.

Дорога́я, прости́ меня́!

다라가-야, 쁘라스찌- 미냐-!

 Всё равно́. Ты – дура́к по жи́зни!

프쑈 라브노-. 띠- 두락- 빠 지-즈니!

Ты всегда́ тако́й! В своём сти́ле.

띠 프시그다- 따꼬-이! 브 쓰바욤- 스찔-례.

 Ну переста́нь!

누 뻬리스딴-

여   **양아치야 너는, 너는 진짜 나쁜 날라리 양아치.**[7] 거봐 나한테 매일 이렇게 성질 부리잖아.

그러면서 오늘 선물은 왜 사줬냐? 네 선물 **다 갖다 버릴 거야.**[8]

남   **오버 하지 마!** [9] 오케이, 오케이, 내가 잘못했네. 자기야, 미안해!

여   어쨌든 넌 원래 바보 천치야!

언제나 그런 식이지. 항상 네 멋대로야.

남   그만 해라 쫌!

- **Негодя́й**
  니가쟈–이 [명사–남성]

  나쁜 놈, 양아치, 날라리

- **Се́рдишься**
  세–르지쉬사 [동사–2인칭 현재형]

  화내다 [원형 серди́ться세르짓–짜]

- **Вы́брошу**
  븨–브로슈 [동사–1인칭 현재형]

  버리다

- **По жи́зни**
  빠 지–즈니

  원래, 천성적으로 [관용구]

- **В своём сти́ле**
  브 쓰바욤– 스찔–례.

  자기 멋대로다. 자기 식으로만 한다.
  [원형 Вы́бросить 븨–브로씨쯔]

 알아두면 좋은 응용 표현

– Go too far – 오버 하다 (동사원형으로)	Переборщи́ть Перегиба́ть па́лку Преувели́чивать
오버 하지 마! (명령형으로)	Не переборщи́! Не перегиба́й па́лку! Не преувели́чивай!
– Cross the line – 심하게 행동하다 = 너무 심하다 = 도가 지나치다	Заходи́ть за кра́сную черту́ Пересека́ть кра́сную черту́ Переходи́ть кра́сную черту́

7

속이 다 시원한 RUSSIAN USAGE 강의 ⑦

Ты настоя́щий негодя́й.

넌 정말 나쁜 놈이야.

드라마를 보거나 실제 회화를 하다 보면, 은근 슬쩍 욕설 등이 상당하다.
정확히 알고 있는 것도 매우 중요하므로 단계별로 알아보자.

욕설(брань), 은어 류(сленг, жарго́н)는 화자의 어조 등 변수와 상황에 따라(ситуативно)
체감 모욕 정도는 상대적 주관적이므로 사용할 때는 매우 조심해야 한다.

아래로 갈수록 심한 욕이다.	욕의 대상이 남성, 여성인지 공용인지 주의하자.	주의사항
1단계 행실이 나쁜 다양한 '싸가지'	–남성 : хам, грубия́н, негодя́й, нагле́ц –여성 : ха́мка, грубия́нка, негодя́йка	무뢰한, 비열한자, 철면피, 건방진 사람 등
2단계 바보, 쪼다, 멍청이	–남성 : дура́к, дурачо́к, идио́т –여성 : ду́ра, идио́тка	Идио́т는 Дура́к 보다 모욕감이 더 강하다.
3단계 매우 더럽고 치사한 류 (짐승 비유 포함)	–남성 : Козёл, гад, парши́вец –여성 : овца́ (тупа́я), гади́на, парши́вка	Attention! 동물에 빗댄 욕설은 매우 모욕적이다.
4단계 Мат (아주 심한 욕설, 쌍욕)	–남성 : су́кин сын (Son of a bitch) –여성 : су́ка	Attention! 최고 수위의 욕설이다.

Во́т га́д! Обяза́тельно тогда́, когда́ я ем.
봇– 가–트! 아비자–젤르너 따그다–, 까그다– 야 옘.

 Прости́, я не специа́льно.
쁘라스찌–, 야 니 스뻬찌알–르너.

여   **이런 나쁜 새끼!** 꼭 밥 먹을 때만 그러더라.

남   미안, 일부러 그런 건 아니야.

예문의 단어

• **Обяза́тельно** 아비자–젤르너	[부사]	반드시, 필수적으로, 꼭
• **Специа́льно** 스뻬찌알–르너	[부사]	특별히, 일부러

Я вы́брошу всё.

전부 내다 버릴거야.

Вы́бросить는 동사 бро́сить '버리다'에 접두사 Вы- 를 붙인 형태이다.
동사에 다양한 접두사를 붙이면 상황에 따라 동사의 사용도 다양해짐에 주목하자.

접두사 Вы-의 역할

1. 안에서 밖으로 움직이는 동작의 의미

'다니다' 라는 동사 ходи́ть에 Вы-를 붙여 Выходи́ть라고 하면 '(안에서 밖으로) 나가다'의
뜻이 된다. 건물 곳곳에 명사형 Вы́ход 가 쓰여 있는데 이는 비상구나 출구를 의미한다.

2. 동작의 완성을 의미하여 몽땅, 전부 의 뉘앙스

따라서 동사 Вы́бросить는 '(몽땅) 갖다(내다) 버리다'에 매우 적합한 단어다.

 알아두면 좋은 응용 표현

'삭신이 쑤신다' 표현

▶ 여기 저기 쑤신다. 여기저기 아프다.

(У кого́) и ту́т и та́м боли́т.	(누구는) 여기 저기 아프다
Всё те́ло боли́т, всё те́ло ло́мит.	온 몸이 아프다. 삭신이 쑤시다.

표현 연습

Мам, все нену́жные ве́щи на́до вы́бросить.
맘, 프셰– 니누–쥬늬예 볘–쉬 나–더 븨–브러씨쯔.

Я сде́лаю генубо́рку.
야 즈젤–라유 겐우보–르꾸.

То́лько без фанати́зма.
똘–꺼 비스 파나찌–즘아.

Пото́м не жа́луйся, что у тебя́ и ту́т и та́м боли́т.
빠똠– 니 좔–루이샤, 슈또 우 찌뱌– 이 뚯– 이 땀– 발릿–.

남 엄마~, 필요 없는 물건들 **몽땅 다 버려야 해요.**
대청소 할려구요.

여 적당히 해라. 나중에 여기 저기 쑤셔 댄다고 투덜대지 말고.

예문의 단어

- **Нену́жные ве́щи** — 불필요한 물건들
  니누–쥬늬예 볘–쉬
- **Без фанати́зма** [관용구] — 적당히
  [без : ~없는, фанати́зм : 광적인 행동, 광신 = 광적이지 않게 ⇒ 적당히]
  비스 파나찌–즘아
- **Не жа́луйся!** [동사–2인칭 명령형] — 불평(투덜) 하지마! [원형 жа́ловаться 좔–로밧쨔]
  니 좔–루이샤

Не перегиба́й па́лку!

오버 하지 마! 과장 하지 마!

선을 넘어 도가 지나친 말과 행동을 하는 상대방에게 쓰는 말이다. 대표적으로 정리하면
Не переба́рщивай! , Не преувели́чивай!, Не перегиба́й па́лку! 이다.

오버하지마 1 :

Не переборщи́!, Не переба́рщивай! :

Переборщи́ть 어근에 러시아 스프 보르시 **борщ** 라는 단어가 들어있는데 '지나치다'는
접두사 Пере- 가 붙어서 '지나치게 스프를 끓인다.'는 의미가 있다 보니, '도를 넘다, 정도가
지나치다' 라는 의미인데 구어적으로 '오버하다'로 쓴다.

오버하지마 2 :

Не преувели́чивай!

Преувели́чивать가 원형으로 '떠벌리고 다니다, 과장하다, 오버하다'라는 뜻이다.

오버하지마 3:

Не перегиба́й па́лку!

Перегиба́ть = 많이 구부리다, Па́лка =지팡이
'지팡이를 너무 구부린다' ⇨ '오버 하다, 과장하다'가 된다.

Ты меня́ ещё лю́бишь? Я то́чно зна́ю, что лю́бишь.

띄 미냐– 이쑈– 류–비쉬? 야 또–츠너 즈나–유, 슈또 류–비쉬.

Я то́же тебя́ люблю́. Кляну́сь жи́знью.

야 또–줴 찌뱌– 류블류–. 끌리누–시 쥐–즈뉘유.

 Не перегиба́й па́лку!

니 뻬리기바–이 빨–꾸!

Я должна́ тебе́ сказа́ть одно́: «Прошу́, забу́дь меня́!»

야 달즈나– 찌뼤– 스까자–쯔 아드노–. : 쁘라슈–, 자붓–찌 미냐–!

남   너 아직도 나 사랑하지? 네가 사랑하고 있다는 거 잘 알아.

　　나도 널 사랑해. 목숨 걸고 맹세해.

여   **오버 하지 좀 마!**

　　딱 한마디만 해야겠어. 제발 날 잊어 줘~~~!

예문의 단어

• **Действи́тельно** 제이스뜨비–쩰러너	[부사]	정말로, 사실은, 실제로
• **Кляну́сь жи́знью.** 끌리누–시 쥐–즈뉘유	[동사–1인칭 현재형]	목숨 걸고 맹세하다 [원형 **кля́сться** 끌랴–스찟쨔]
• **Забу́дь.** 자붓–찌	[동사–2인칭 명령형]	잊어. [원형 **забы́ть** 자븨–쯔]

Всё равно́.

상관 없어, 별 차이 없어, 마찬가지야.

I don't care. 의 의미로 쓰이는 관용구이다. '상관 없어, 별 차이 없어, 마찬가지야. 난 괜찮아'이다.
'상관 없다', '마찬가지 이다', '크게 중요하지 않다'의 러시아어 표현은
주어를 여격으로 하는 무인칭문 형식을 취한다.

1. 특정 상황, 친분에 무관하게 일반적으로 쓰는 표준형 관용구들
   Всё равно́, безразли́чно, без ра́зницы (별 차이 없다), одина́ково (똑같다)
   이 중에서 Всё равно́가 가장 보편적으로 사용된다.

2. 친분이 깊어 격의 없이 지내는 사이 간에 비격식체로
   По бараба́ну, по́фиг(속어), фиоле́тово 가 있다.

 '상관없어'가 왜 Фиоле́тово 일까?

Фиоле́тово 는 형용사 보라빛의 **фиоле́товый**에서 파생 되었다.

그런데 상관없어는 왜 '보라빛' 이라는 표현을 쓰는 것일까? 러시아에서 보라색에 부정적인 인식이
있어서인가? 아니다. 그냥 비교적 흔치도 않고 선호도도 떨어지다 보니 '난 보라색도 괜찮을 듯' 즉
이런 맥락에서 '상관없어'란 의미로 쓰인다고 한다.

1. 다음 괄호 안을 알맞은 단어들로 채우기

① Вообще́ ка́ждый день (　　　　) меня́ се́рдишься.　　　넌 나한테 이렇게 매일 화내잖아.

② Я не (　　　　).　　　일부러 그런 건 아니야.

③ То́лько (　　　　) фанати́зма.　　　적당히 해라.

④ Не жа́луйся, что у тебя́ и тут и (　　　　) боли́т.　　여기 저기 쑤셔 댄다고 하지 말아.

⑤ Кляну́сь (　　　　) .　　　목숨을 걸겠어.

2. 다음 단어나 짧은 문장들을 알맞은 것끼리 연결하기

• Мне по́фиг.　　　자기 멋대로야.

• Ты всегда́ тако́й!　　　어쨌든 넌 원래 바보 천치야!

• В своём сти́ле.　　　오버 하지 마!

• Ты – дура́к по жи́зн!　　　난 상관 없어, 별 차이 없어.

• Не преувели́чивай!　　　넌 언제나 그런 식이지.

정답

1. ① на ② специа́льно ③ без ④ там ⑤ жи́знью

2. Мне по́фиг. 상관 없어, 별 차이 없어. / Ты всегда́ тако́й! 넌 언제나 그런 식이지! / В своём сти́ле. 항상 네 멋대로야 / Ты – дура́к по жи́зн! 어쨌든 넌 원래 바보 천치야! / Не преувели́чивай! 오버 하지 마!

재미있고 실용적인 구어체 표현

열공! **러시아어**
회화UP

저자 이아진
1판 1쇄 2023년 2월 1일
Editorial Director 김인숙
Printing 삼덕정판사

감수 이리나 로깔로바(Ирина Локалова) / 쟈리꼬바 비딸리나(Жарикова Виталина)
발행인 김인숙　　　발행처 (주)동인랑
Designer 김미선

01803　서울시 노원구 공릉동 653-5

대표전화 02-967-0700
팩시밀리 02-967-1555
출판등록 제 6-0406호
ISBN 978-89-7582-604-7

ⓒ2023, Donginrang Co..Ltd
본 교재에 수록되어 있는 모든 내용과 사진, 삽화 등의 무단 전재·복제를 금합니다.

All right reserved. No part of this book or audio CD may be reproduced or transmitted
in any form or by any means, without permission in writing from the publisher.

동인랑 에서는 참신한 외국어 원고를 모집합니다.　e-mail : webmaster@donginrang.co.kr